who?

글 오영석

어린이들이 재미있고 신나게 읽을 수 있는 책을 쓰기 위해 노력하는 작가입니다. 나와 똑같이 고민하고, 실패했던 위인들의 이야기를 통해 독자들도 '할 수 있다'는 마음을 가지길 바랍니다. 작품으로 《세계사 한국사》, 《과학 교과 주제 탐구 Q 몸》, 《걸어서 세계 속으로 2. 일본》 등이 있습니다.

그림 이일호

1986년 만화계에 입문하여 잡지 및 신문 만화 연재에 참여했습니다. 작품으로는 《스펀지》, 《두뇌 월드 Q》, 《황금 교실》, 《바람의 비행사 라시언》과 소년조선일보 신문 연재 《의료 특공대 아야》 등이 있습니다.

감수 경기초등사회과연구회
진로 탐색 감수 이랑 (한국고용정보원 전임연구원)
추천 송인섭 (숙명 여자 대학교 명예 교수)

 세계 인물

이종욱

개정판 1쇄 인쇄 2024년 11월 15일
개정판 1쇄 발행 2025년 1월 1일

글 오영석 그림 이일호

펴낸이 김선식
펴낸곳 다산북스

부사장 김은영
어린이사업부총괄이사 이유남
책임편집 박세미 **디자인** 김은지 **책임마케터** 김희연
어린이콘텐츠사업1팀장 박정민 **어린이콘텐츠사업1팀** 김은지 박세미 강푸른
마케팅본부장 권장규 **마케팅3팀** 최민용 안호성 박상준 김희연
편집관리팀 조세현 김호주 백설희 **저작권팀** 이슬 윤제희 **제휴홍보팀** 류승은 문윤정 이예주
재무관리팀 하미선 김재경 임혜정 이슬기 김주영 오지수
인사총무팀 강미숙 이정환 김혜진 황종원
제작관리팀 이소현 김소영 김진경 최완규 이지우 박예찬
물류관리팀 김형기 김선민 주정훈 김선진 한유현 전태연 양문현 이민운

출판등록 2005년 12월 23일 제313-2005-00277호
주소 경기도 파주시 회동길 490
전화 02-704-1724 **팩스** 02-703-2219
다산어린이 카페 cafe.naver.com/dasankids **다산어린이 블로그** blog.naver.com/stdasan
종이 신승INC **인쇄** 북토리 **코팅 및 후가공** 평창피앤지 **제본** 대원바인더리

ISBN 979-11-306-5827-8 14990

품명: 도서 | **제조자명**: 다산북스
제조국명: 대한민국 | **전화번호**: 02)704-1724
주소: 경기도 파주시 회동길 490
제조년월: 판권 별도 표기 | **사용연령**: 8세 이상
※ KC마크는 이 제품이 공통안전기준에 적합하였음을 의미합니다.

이종욱

Lee Jongwook

다산
어린이

자신만의 멘토를 만날 수 있는
who? 시리즈

《who?》 시리즈는 어린이들은 물론 어른들에게도 재미와 감동을 주는
교양 만화입니다. 《who?》 시리즈는 전 세계 인류에 크게 영향을 끼친
인물들로 구성되었으며 인물들의 삶과 사상을 객관적으로 전해 줍니다.

이처럼 다양한 나라와 분야에서 활약한 위인들의 이야기를 통해 과학,
예술, 정치, 사상에 관한 정보는 물론이고, 나라별 문화와 역사까지 배우게
될 것입니다. 《who?》 시리즈의 가장 큰 장점은 위인들이 그들의 삶에서
겪은 기쁨과 슬픔, 좌절과 시련, 감동을 어린이들이 함께 느낄 수 있다는
것입니다. 어린이들은 이 책을 읽으면서 폭넓은 감수성을 함양하게 됩니다.

《who?》 시리즈의 어린이 독자들이 책 속의 위인들을 통해 자신만의
멘토를 만나 미래의 세계적인 리더로 성장하기를 진심으로 응원합니다.

존 덩컨 미국 UCLA 동아시아학부 교수

존 덩컨(John B. Duncan) 교수는 한국학 분야의 세계적인 석학으로,
미국 UCLA 한국학 연구소 소장 및 동 대학의 동아시아학부 교수를
겸직하고 있습니다. 하버드 대학교 교환 교수와 고려 대학교 해외
교육 프로그램 연구센터장을 역임했으며, 주요 저서로는
《조선 왕조의 기원》, 《조선 왕조의 시민 행정의 제도적 기초》 등이
있습니다.

세상을 더 나은 곳으로 만든
사람들의 이야기

어린이들은 자라면서 수많은 궁금증을 가지게 됩니다. 그중에서도
"저 사람은 누굴까?"라는 질문은 종종 아이들의 머릿속을 온통 지배해
버리기도 합니다. 다산어린이에서 출간된《who?》시리즈는 그런 궁금증을
해결해 주기 위해 지구촌 다양한 분야의 리더들을 소개하고 있습니다.

《who?》시리즈에 등장하는 인물들은 인종과 성별을 넘어 세상을 더
나은 곳으로 만든 사람들입니다. 어린이들은 이 책에서 디지털 아이콘으로
불리는 스티브 잡스는 물론 니콜라 테슬라와 같은 천재 발명가를 만날 수
있습니다.

책 속 주인공들의 어린 시절 이야기를 통해 기쁨과 슬픔, 도전과
성취감을 함께 맛보고, 그들과 함께 성장하면서 스스로 창조적이고 인류에
도움이 되는 사람이 되겠다는 포부와 자신감을 갖게 될 것입니다.

《who?》시리즈 속에서 다채롭고 생동감 넘치는 위인들의 이야기를 만나
보세요.

에드워드 슐츠 하와이 주립 대학교 언어학부 교수

에드워드 슐츠(Edward J. Shultz) 하와이 주립 대학교 언어학부
교수는, 동 대학의 한국학센터 한국학 편집장을 역임한 세계적인
석학입니다. 평화봉사단 활동의 하나로 한국에서 영어 교사로 근무한
경험이 있으며, 현재 한국과 미국, 일본을 오가며 활발한 활동을
펼치고 있습니다. 주요 저서로는 《중세 한국의 학자와 군사령관》,
《김부식과 삼국사기》 등이 있고, 한국 중세사와 정치에 대한 다수의
기고문을 출간했습니다.

미래 설계의 힘을 얻는 길이 여기에 있습니다

　어린이가 성장하는 시기에는 스스로 미래를 설계하며 다양한 책을 접하는 경험이 필요합니다.

　어린 시절 만난 한 권의 책이 인생에 미치는 영향이 얼마나 큰지는 꿈을 이룬 사람들의 말을 통해서 알 수 있습니다. 빌 게이츠는 오늘날 자신을 만든 것은 동네의 작은 도서관이었다고 말하고, 오프라 윈프리는 어린 시절 유일한 친구는 책이었음을 고백하며 독서의 중요성에 대해 이야기합니다.

　꿈을 이룬 사람들의 공통점은 또 있습니다. 그들에게는 어린 시절, 나만의 특별한 위인이 있었습니다. 여러분의 특별한 위인은 누구인가요? 《who?》 시리즈에서는 현재 우리 어린이들이 가장 닮고 싶어하는 위인을 만날 수 있습니다. 버락 오바마, 빌 게이츠, 조앤 롤링, 스티브 잡스 등 세상을 바꾼 사람들의 감동적인 이야기를 담은 《who?》 시리즈는 어린이들이 희망찬 미래를 그리고 구체적인 목표를 설정할 수 있도록 도와줄 친구이면서 안내자입니다. 《who?》 시리즈를 통하여 나만의 특별한 위인을 찾고 미래 설계의 힘을 얻을 수 있습니다.

송인섭 숙명 여자 대학교 명예 교수 | 한국영재교육학회 회장

숙명 여자 대학교 명예 교수이자 한국영재교육학회 회장으로 자기 주도 학습 분야의 최고 권위자입니다. 한국교육심리연구회 회장, 한국교육평가학회장, 한국영재연구원 원장을 역임했습니다. 자기 주도 학습과 영재 교육의 이론을 실제 교육 현장에 적용하기 위해 노력하고 있습니다.

평생을 이끌어 줄
최고의 멘토를 만날 수 있는 책

10대에 가장 중요한 것은 무엇일까요? 좋은 대학에 가기 위한 공부일까요? 우리나라 최초의 국제회의 통역사로 30년 동안 활동하면서 세계적인 리더들을 만날 기회가 수없이 많았던 저는 대한민국의 초등학생들에게 특별한 조언을 해 주고 싶습니다.

그것은 큰 꿈을 가지는 것이 무엇보다 중요하다는 것입니다. 꿈은 힘들고 지칠 때 나를 이끌어 주는 힘이고 내 인생의 주인이 되어 일어설 수 있게 하는 원동력이 되어 줍니다. 꿈이 있는 아이가 공부도 잘하고 결국 그 꿈을 실현할 수 있게 되는 것입니다.

저 역시 어린 시절 품었던 꿈이 지금의 자리에 있게 한 원동력이었습니다. 남들이 모르는 큰 꿈을 마음속에 간직하고 있었기에 괴롭고 힘들어도 포기하지 않고 다시 일어설 수 있었습니다.

어린 시절 저에게도 힘들고 지칠 때마다 용기를 불어넣어 주고 힘이 되어 주었던 분들이 있었습니다. 지금의 자리로 저를 이끌어 준 멘토들처럼 《who?》 시리즈에서 여러분의 친구이자 형제, 선생이 되어 줄 멘토를 만날 수 있기를 바랍니다.

최정화 한국 외국어 대학교 교수 | 우리나라 최초 국제회의 통역사

우리나라 최초의 국제회의 통역사로 현재 한국 외국어 대학교 통번역대학원 교수로 재직 중입니다. 세계 무대에서 자신의 꿈을 이룬 여성 신화의 주인공으로, 역시 세계에서 꿈을 펼치려고 하는 청소년들에게 멘토의 역할을 충실히 하고 있습니다. 저서로는 《외국어, 내 아이도 잘할 수 있다》, 《외국어를 알면 세계가 좁다》, 《국제회의 통역사 되는 길》 등이 있습니다.

차 례

Lee
Jongwook

이종욱

이종욱은 서울 대학교 의대에 진학하여 한센병 환자를 돌보는 봉사활동을 했어요. 공중 보건학을 공부한 다음에는 세계 보건 기구 서태평양 사무처 한센병 자문단으로 국제기구 생활을 시작했어요. 우리나라 최초의 국제기구 사무총장이 된 이종욱은 세계 보건 기구에서 어떤 업적을 남겼을까요?

- 이름: 이종욱
- 생몰년: 1945년~2006년
- 국적: 대한민국
- 직업·활동 분야: 의학,
  국제기구 활동가
- 주요 업적: 세계 보건
  기구(WHO) 제6대 사무총장

아버지

공무원이었던 아버지는 특히 종욱을 아꼈어요. 용산구청장을 지낸 아버지 덕분에 종욱의 어린 시절은 풍족했어요. 하지만 아버지는 후두암으로 일찍 세상을 떠났습니다. 이는 이종욱이 의사가 되려는 꿈을 가지는 데 계기가 되었어요.

레이코

레이코는 도쿄 소피아 대학교에서 영문학을 공부했어요. 한국의 성 라자로 마을에서 봉사하던 중에 이종욱을 만나게 되었지요. 레이코와 이종욱은 서로를 아끼고 배려하며 행복한 결혼 생활을 했어요.

들어가는 말

- 세계 보건 기구 사무총장이었던 이종욱의 업적과 발자취를 따라가 보아요.
- 이종욱의 어린 시절, 우리나라는 어떤 상황이었는지 살펴보아요.
- 우리나라를 빛낸 의사가 누구인지 알아보아요.
- 국제기구에서 일한 자랑스러운 한국인을 만나 보아요.

① 전쟁 속에서

1950년 6월 25일 일요일 새벽.

*삼팔선 부근에서 수상한 움직임이 일어났습니다.

스 옥

속

속

*삼팔선: 미국과 소련(현재 러시아)이 한반도를 남과 북으로 나누어 점령하면서 생긴 군사 분계선. 위도가 38도라 생긴 말

북한이 총공격을 시작했습니다.
6·25 전쟁이 벌어진 것입니다.

서울 시청에서 공무원으로 일하던 종욱의 아버지는
북한군에게 점령당한 서울의 모습에 당황했습니다.

그리고 3일 만에 북한군은 서울을
*점령해 버렸습니다.

*점령: 군대가 적국의 영토에 들어가 그 지역을 군사적 지배하에 둠
*인공기: 북한의 국기

종욱의 가족들은 북한군의 기습 공격 사실을 모른 채
평화로운 한때를 보내고 있었습니다.

메롱!

퍽

아버지?

훅

다

다

서울 거리에는 한동안 폭격이 계속되었습니다.

*반동분자를 숨겨 주는 자는 모두 인민의 이름으로 처단하겠다. 속히 남조선과 협력한 반동들을 신고하기 바란다!

세상에나!

엄마, 무서워요!

*반동분자: 어떤 작용에 대해 그 반대로 행동하는 자

전쟁에 대비하지 못한 국군은 북한국의 침략을 막아 내지 못했습니다.
1950년 9월, *국제 연합(UN)은 미국을 중심으로 16개국이 참여한 국제 연합군을 우리나라에 보냈습니다. 국군과 국제 연합군은 *인천 상륙 작전을 성공시키며 전세를 뒤집었습니다.

9월 28일, 국제 연합군은 마침내 북한군을 몰아내고, 서울을 되찾았습니다.

*국제 연합(UN): 제2차 세계 대전 이후 국제 평화와 안전의 유지, 국제 협력을 달성하기 위하여 창설된 국제 평화 기구
*인천 상륙 작전: 남쪽으로 내려온 인민군을 몰아내기 위해 인천에서 반격한 작전

공무원이라서 밖에서 따로 지내던 아버지도 집으로 돌아올 수 있었습니다.

다
다
다

여보!

고생 많았소. 이제 걱정 마시오.

아버지, 이제 전쟁은 끝난 거죠?

그러나 평화도 잠시, 북한의 요청으로 중국이 전쟁에 개입했습니다. 중국군은 압록강을 넘어 물밀듯이 내려왔고, 국군과 국제 연합군은 다시 후퇴했습니다.

*피란: 난리를 피하여 옮겨 감

종욱의 가족은 아버지와 대구에서 만나기로
약속한 후 피란길에 나섰습니다.

아직도
멀었나?

누나,
언제 도착해?

금방 도착할 거야.
조금만 참아.

춥고
너무 배고파.

조금만 더 걷자,
조금만 더.

피란길은 가혹했습니다. 추위와 배고픔에
시달리던 사람들은 한두 명씩 지쳐
쓰러지기 시작했습니다.

아이고, 영감!

피란민이 지나온 길에는 지쳐 쓰러져 목숨을
잃은 사람들의 시체가 여럿 남겨졌습니다.

잘 가거라.
거기서는 맛있는 거
많이 먹고…….

어?

내 새끼 불쌍해서
어떡해, 내 새끼…….

종욱아, 눈 감아.
이런 거 보면 안 돼.

처참한 광경을 본 종욱은 큰 충격을 받았습니다.

도대체 무엇 때문에
모두가 슬픈 전쟁을 겪어야 하는 거지?
내가 지금 할 수 있는 건 아무것도 없잖아.

괜찮아, 누나.

종욱아, 발이 왜 그래?

이때 종욱은 겨우 다섯 살이었습니다. 하지만 고된 피란길에서 어리광을 부릴 수는 없었습니다.

내가 아프다고 하면 엄마와 누나가 걱정할 거야. 지금은 모두 힘드니까 참아야 해.

절뚝
절뚝

마침내 대구에 도착한 가족은 아버지를 찾아 나섰습니다.

종욱이 아버지, 우리는 도청 앞에 있어요.

이게 꿈은
아니지요?

내 뭐라 했소.
만날 수 있을 거라
했지요.

종욱의 가족은 오랜 피란 끝에 마침내
대구에서 만날 수 있었습니다.

그런데 이제 어떻게
하지요? 서울 집으로 돌아갈
수도 없고……

국군이 중국군을
몰아낼 거요. 그때까지
여기서 기다립시다.

그래요.

1951년 3월, 국군과 국제 연합군은 서울을 되찾았고 얼마간 대구에서 지내던 가족은 다시 서울 집으로 돌아왔습니다.

이종욱의 성공 열쇠

어린 시절에 동생과 함께 찍은 사진(오른쪽)
© 국립 대전 현충원

'아시아의 슈바이처', '백신의 황제'. 한국인 최초로 세계 보건 기구(WHO)를 이끄는 사무총장이 된 이종욱을 부르는 말입니다. 그는 뛰어난 리더십을 발휘해 전 세계 수백만 명의 건강을 지켰습니다. 쉽게 해결할 수 없던 보건 문제를 결단력 있는 행동으로 바꾸었습니다. 이종욱이 세계 보건 기구 수장이 되어 놀라운 업적을 쌓기까지 놓지 않았던 성공의 열쇠는 무엇일까요?

하나 긍정적인 태도

이종욱은 1945년, 일본과 연합군 간의 태평양 전쟁이 막바지에 다다랐을 때 태어났습니다. 1945년 8월 15일 일본은 항복을 했고, 우리나라는 비로소 해방을 맞았습니다. 기쁨도 잠시 1950년, 6 · 25 전쟁이 벌어졌습니다.

어린 이종욱은 전쟁을 고스란히 겪었습니다. 그러나 전쟁이 끝난 후에는 더 큰 시련이 찾아왔습니다. 공무원인 아버지가 직장을 잃고, 그만 후두암으로 세상을 떠났습니다. 이종욱이 중학교를 졸업한 후 얼마 지나지 않은 일이었습니다.

이종욱의 가족은 살고 있던 집을 팔고 작은 집으로 이사를 해야 했습니다. 아버지가 계실 때는 방이 여러 개 있는 넓은 집에서 살며 학교를 마치고 난 뒤에는 친구들을 데리고 와서 놀곤 했습니다. 그러나 더 이상 친구들을 초대할 수 없었습니다. 이러한 환경에서도 이종욱은 좌절하거나 불우한 환경과 가난을 탓하는 모습을 조금도 보이지 않았습니다. 대신 의사가 되겠다는 꿈을 품고 더욱

이종욱 박사는 한국인 최초로 국제기구 수장이 되었습니다. © WHO/P. Virot

열심히 공부했습니다.
훗날 친구들은 이종욱의 집안 형편이 나빠진 것을 알지
못했다고 전했습니다.

서울 대학교 의과 대학에 들어간
이종욱(오른쪽) ⓒ 국립 대전 현충원

둘　도전 정신

이종욱은 일찌감치 진로를 결정했지만, 결과는 좋지
않았습니다. 의대 입학시험에서 떨어진 것입니다.
누나의 권유로 건축 공학과에 지원서를 내고
합격했지만, 의사의 꿈을 접을 수 없었습니다.
건축을 공부하고 3년 이상 군대에 다녀온 종욱은
7년이나 늦은 나이에 의대에 다시 도전하기로
마음먹었습니다.
이종욱은 실패하지 않기 위해 죽을힘을 다해
노력했습니다. 수학, 영어, 국어, 독어 등 고등학교 9개
과목을 다시 공부해서 시험을 치렀습니다. 그리고 마침내
서울 대학교 의과 대학에 합격하게 되었습니다.

셋　봉사심

의대를 졸업한 이종욱은 서울의 한 보건소에서
일했습니다. 보건소에서 하는 일 중에는 성 라자로
마을을 돕는 일도 있었습니다. 성 라자로 마을은 한센병
환자들이 모여서 사는 곳입니다.
한센병은 나병 또는 문둥병이라고 하는데, 피부에 반점이
생기고, 상처로 되며, 심하면 피부가 벗겨지기도 하는
심각한 감염병이었습니다.
당시 한센병 환자는 8만 명 정도였고, 그들을
진료하는 의사는 단 두 명뿐이었습니다. 그중 하나가
이종욱이었습니다. 이처럼 한센병은 의사조차 꺼리는

전 세계인의 건강 증진을 위해 평생을
바친 이종욱 ⓒ 연합뉴스

병이었습니다. 혹시나 전염되지 않을까 염려되었기 때문입니다. 하지만 이종욱은 개의치 않았습니다. 환자의 상처를 만지며 치료했습니다. 보수도 받지 않았습니다. 봉사심이 없었다면 불가능한 일이었습니다.

넷 ⟩ 뚜렷한 목표

이종욱 박사의 아내, 가부라키 레이코 여사
© 연합뉴스

이종욱은 자신의 의술을 좀 더 값지게 쓰고 싶다는 목표가 있었습니다. 그래서 안정된 삶을 누리기보다는 모험과 도전을 선택했습니다.

이종욱은 1979년 가족과 함께 하와이로 유학을 떠났습니다. 대학원에서 공중 보건학을 공부하면서 한센병을 연구했습니다.

3년 후 학업을 마친 이종욱은 두 갈래 길에서 고민했습니다. 하와이 대학교에 남아서 명예롭게 학생들을 가르치는 것과 남태평양 사모아의 린든 B 존슨 병원에서 환자를 돌보는 것입니다. 이종욱은 더 값진 목표를 향해 사모아로 떠났습니다. 그리고 그곳에서도 한센병 환자를 치료하며 한센병 분야의 전문가가 되었습니다.

어느 날 이종욱은 세계 보건 기구 서태평양 지역 사무처에서 연락을 받았습니다. 한센병 자문관으로 와 달라는

who? 지식사전

세계 보건 기구 감염병 경고 6단계

2009년 4월, 세계 보건 기구는 새로운 감염병을 보고받았습니다. 조류 인플루엔자 바이러스가 나타난 것입니다. 이종욱 사무총장은 신종 바이러스가 나타날 것을 수차례 경고한 바 있습니다. 그리고 이를 대비해 구체적으로 행동했습니다. 그건 중대한 질병이 발생했을 때 빠르게 대처하기 위해 '전략 보건 운영 센터'를 세운 것입니다. 이어 감염병 6단계 경보 체계를 마련했습니다.

것이었습니다.

이렇게 세계 보건 기구에 몸담게 된 이종욱은
소아마비, 결핵, 에이즈와 같은 질병을 퇴치하는 데
앞장섰습니다. 처음에는 불가능한 목표라며 걱정의
목소리가 높았습니다. 그는 실천을 강조하며
"그 일이 옳은 일인지 생각하세요. 그리고 그 일을
실천하세요. 하기도 전에 안 된다고 생각하지
마세요."라고 말했습니다.

앞장서서 검소한 생활을 하며 많은 이들의 모범이
되었습니다. ⓒ Colotfox

다섯 　검소한 생활

사무총장은 한 국가의 대통령만큼이나 극진한
대접을 받는 위치입니다. 하지만 이종욱은
사무총장이 된 뒤에도 항상 검소하게
생활했습니다.

세계 보건 기구 사무총장에게는 별도의 관용차를
주지만, 이종욱은 업무 시간이 아닐 때는 관용차를
이용하지 않았습니다. 대신 자신의 오래된 자동차를 손수
운전했습니다. 자그마한 아파트에서 지냈고, 출장을 갈 때도
일반석을 이용했습니다. 심지어 수행원 없이 힘든 일정을
소화해 냈습니다. 이 모습을 본 세계 보건 기구 직원들이
의아해하자, 이종욱은 이렇게 말했습니다.

"일등석은 비쌉니다. 수행원이 많다 보니 출장비가 많이
들어요. 우리가 출장비로 쓰는 돈에는 가난한 회원국들이
내는 분담금도 포함되어 있어요. 그 돈으로 제가 호강할 수는
없지요."

그의 소탈한 모습은 많은 사람에게 본이 되었습니다.

② 힘겨운 의대 입시

애들아!

몸으로 겪어 알겠지만, 지금 우리나라는 형편이 매우 어렵다.

어느 날 아버지는 종욱의 형제자매들을 모두 불러 모았습니다.

그러니 하나라도
더 배우고 익혀서
이 나라의 일꾼이
되어야 한다.

네, 아버지!

많은 것을 배우면,
그 지식을 장차 나라를
위해서 쓰도록 해라.
종원이는 동생들
공부 좀 봐주고.

알겠어요, 아버지.

1951년, 종욱은 덕수 초등학교에 입학했습니다.

으흠.

스
윽

너······.

미, 미안해. 히히.

그렇게 많이 틀리고
지금 웃음이 나오니?

으악! 누나가
아빠보다 무서워!

종원은 엄격하게 동생들을 가르쳤습니다.
그런 누나를 종욱은 '표범 누나'라고 불렀습니다.

종욱의 집 형편은 점점 좋아졌습니다. 종욱 아버지의 봉급이 올라 돈을 제법 모을 수 있었던 것입니다. 종욱 아버지가 종로 구청장이 될 무렵에는 이사도 갔습니다.

오늘부터 여기가 우리 집이다.

와~ 집 좋다!

아버지는 언제나 책과 신문을 부족함 없이 준비해 주었습니다. 종욱은 누나, 동생과 함께 서재에서 공부하며 풍요롭게 자랐지요. 이런 평화로운 삶은 종욱이 중학생이 될 때까지 계속되었습니다.

종욱은 조금은 엉뚱하고 쾌활한 소년이었습니다. 성적에만 집착하지 않고 세계를 무대로 생각하는 큰마음을 가진 아이였습니다.

종욱이 열여섯 살이 되던 해인 1960년에 '4·19 혁명'이 일어났습니다. 4·19 혁명은 이승만 정부가 부정 선거를 저지르자 이에 분노한 국민이 민주주의를 바로 세우고자 거리로 나선 것입니다.

그리고 이 혁명은 시민들의
승리로 끝이 났습니다.

곧 대통령 선거가 다시
실시될 것입니다. 부정 선거에 대한
책임을 지고 제가 자리에서
물러나겠습니다.

하지만 이승만 정권에서 공무원이었던 아버지는
일자리를 잃었습니다.

어휴…….

여보……
한숨 좀 그만 쉬어요.

당장 먹고살 일이 막막하니 답답해서 그렇소. 애들 학비도 문제고.

그래도 그렇게 하루 종일 한숨만 쉬면 없던 병도 생기겠어요.

당신이랑 아이들한테 정말 면목이 없구려.

일자리를 잃은 아버지는 근심과 걱정으로 밤을 지새우는 날이 많았습니다.

컥컥!

이상하다. 목이 왜 이렇게 답답하지?

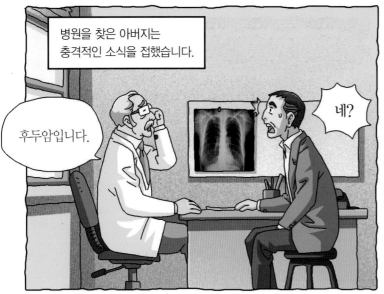

병원을 찾은 아버지는 충격적인 소식을 접했습니다.

후두암입니다.

네?

!

아버지의 병세는 빠르게
악화되었습니다.

종욱은 나날이 야위어 가는 아버지의 모습을 보면서도
아무것도 할 수 없었습니다.

제가
의사가 돼서 꼭 낫게
해 드릴게요.

그러니까
조금만 더 견뎌 주세요.
아버지……

아버지가 세상을 떠나고 종욱의 집안 형편은 급격히 나빠졌습니다.
그래서 어머니는 작은 집으로 이사를 하기로 결심했습니다.

이제 어떡하지?
누나 대학원은?

난 이제
돈을 벌 거야.

누나는 *약대 교수가
되는 게 꿈이잖아.

그건 나중에……
넌 꿈이 뭐니, 종욱아?

난…….

*약대: 약학 대학을 줄여서 부르는 말

여기가
우리 집이라고?

이사한 집은 전에 살던 집과는 비교할 수 없을
정도로 작고 낡은 집이었습니다.

아버지 말씀 기억하지?
어떤 어려움이 있어도
이겨 내면 좋은 날이 온다고.

네, 어머니.

어머니는 자식들을
모아 놓고 흔들리지
않는 모습으로
이야기했습니다.

저도 빨리
약국을 열어서
살림에 보탤게요.

저도 일할 수
있어요.

종욱아, 넌 지금 고등학생이야. 공부에도 다 때가 있단다.

학비는 걱정하지 마.

하지만······.

종욱이는 의사가 되고 싶다고 했지? 의사가 되려면, 누구보다 열심히 공부해야 해.

네 나이에 공부만 한다고 해서 탓할 사람 아무도 없다.

종욱은 그날부터 서울 대학교 의과 대학을 목표로 최선을 다해 공부했습니다.

입학 시험 일.

이 날만을 기다렸다!

종욱이가
잘 봤으려나?

종욱은 경쟁률이 높은 의대에서 떨어지고 말았습니다.
그러나 가족 중 누구도 종욱을 탓하지 않고 따뜻하게 위로해 주었습니다.

1960년대 대한민국

1960년대 우리나라는 6 · 25 전쟁이 남긴 상처가 아직 남아 있었습니다. 1960년 국민 한 사람의 소득이 79달러로, 세계에서 가장 가난한 나라에 속했습니다. 정치적으로도 혼란을 겪었습니다. 1960년대 대한민국이 겪은 고비와 가난을 이겨낸 과정을 살펴봅시다.

독재의 사슬을 끊은 4 · 19 혁명과 함께 쓰러진 이승만 동상 ⓒ 연합뉴스

하나 　4 · 19 혁명

이승만은 1948년, 초대 대통령이 되었습니다. 이어 1960년까지 헌법을 두 차례나 바꾸며 12년간 대통령직에 머물렀습니다. 1960년 3월 15일, 제4대 대통령을 뽑는 선거에서는 투표함을 몰래 바꾸는 등 부정한 방법을 썼습니다. 이를 3 · 15 부정선거라고 합니다. 민주주의 절차를 무시한 행동이기 때문입니다. 1960년 4월 19일, 이승만을 대통령 자리에서 물러나게 하기 위한 운동이 일어났습니다. 시위대는 경무대(지금의 청와대)까지 몰려들었습니다. 이승만은 총격과 폭력으로 시위대를 눌렀지만, 그 뜻을 꺾지 못했습니다. 이승만 퇴진을 외치는 시민들의 목소리는 날로 커졌습니다. 마침내 4월 26일, 이승만은 대통령직에서 물러났습니다.
4 · 19 혁명은 학생과 시민이 중심이 된 민주주의 운동으로 기억되고 있습니다.

부정 선거 관련 기사 ⓒ 동아일보

둘 　5 · 16 군사정변

4 · 19 혁명 후 1960년 7월 29일, 총선거가 치러졌습니다.

이승만이 이끄는 자유당 대신 민주당이 국민의 지지를
받았습니다.
그 결과 윤보선 대통령과 장면 국무총리가 정부를
이끌었습니다. 3 · 15 부정선거를 이끌었던 사람들은 벌을
받았습니다. 그러나 경제는 쉽게 안정되지 않았고, 사회는
혼란을 거듭했습니다.
1961년 5월 16일, 육군 소장 박정희가 자신을 따르는 군인들과
함께 힘으로 정권을 장악했습니다. 이 사건을 5 · 16 군사
정변이라고 합니다. 박정희는 국가 재건 최고 회의를 세우고
2년간 군인 신분으로 나라를 통치했습니다. 그리고 1963년
치러진 5대 대통령 선거에서 박정희 후보가 당선되었습니다.

이승만 정권이 붕괴된 후
선출된 윤보선 전 대통령

셋   경제 개발 5개년 계획

1953년 7월 27일, 한국 전쟁이 휴전 협정을 맺었습니다.
우리나라는 전쟁으로 국토가 파괴되었습니다. 1950년대부터
나라의 재정을 튼튼하게 하고 경제를 개발할 계획을
세웠습니다. 이승만 정부는 경제 개발 7개년 계획, 장면
정부는 경제 개발 5개년 계획을 수립했었지만, 5 · 16 군사
정변으로 실행에 옮기지는 못했습니다.
1962년 박정희 정부부터 경제 개발 5개년 계획이
실행되었습니다. 60년대 실시한 제1차(1962~1966년),
제2차(1967~1971년) 경제 개발은, 국가가 외국에서
자본을 들여와 수출 산업을 지원했습니다. 값싼 노동력을
이용하여 섬유, 가발, 신발과 같은 경공업 제품을 만들어
미국과 일본에 수출했습니다.

5 · 16 군사 정변 직후 박정희(오른쪽)와 소령들

이때 우리나라의 경제 성장률은 연평균 10%에 이를 만큼
크게 성장했습니다. 점점 우리나라 산업에서 농업이 차지하는
비중이 줄어들고 에너지 자원을 생산하는 광업과 공업의
비중이 늘어났습니다.

베트남 파병

프랑스의 식민지였던 베트남은 독립하는 과정에서 사회주의를
지지하는 북베트남과 자본주의를 지지하는 남베트남으로
갈라졌습니다. 둘은 1960년부터 1975년까지 통일을 위해
전쟁을 했습니다. 남베트남을 지지한
미국은 1962년부터 전쟁에 참여했습니다.
이때 미국은 한국에 군대를 보내줄 것을
요청했습니다.
박정희 정부는 1964년부터 1973년까지
베트남 전쟁에 군대를 파견했습니다.
대신 미국은 한국 군대의 장비와 무기를
최신식으로 바꾸어 주었습니다. 경제
개발을 추진하는 데 필요한 달러를
빌려주고, 한국 기업이 베트남에
진출하여 사업을 할 수 있게 해

베트남전에 파병된 대한민국 육군 백마 부대의 군인들

주었습니다.
하지만 그만큼 희생도 따랐습니다. 베트남 전쟁에서 목숨을
잃은 한국군이 5천 명이 넘었고, 그 열 배가 넘는 젊은이들이
몸을 다치는 결과를 가져왔습니다.

빨간색 선으로 표시된 부분이 경부
고속 도로입니다. ⓒ Dmthoth

경부 고속 도로 건설

우리나라는 베트남 파병과 더불어 독일과 '한국 근로자 채용
협정'을 맺고 광부와 간호사를 독일에 보냈습니다. 이렇게
벌어들인 외화는 우리나라의 산업 시설을 만드는 데 큰 보탬이
되었습니다. 공장에서는 많은 물자를 생산하게 되었습니다.
생산된 물자를 항구로 빠르게 나를 수 있는 도로를
지었습니다. 1968년 서울과 인천을 잇는 경인 고속 도로가
열렸습니다.

이어 1968년 서울과 부산을 연결하는 경부 고속 도로를
짓기 시작해 1970년 7월 7일 개통했습니다. 경부 고속
도로는 수도권과 영남 지방을 이으며 부산의 수출입 항구를
연결했습니다. 이로써 산업 물자들을 서울에서 부산까지
5시간 만에 수송하게 되었습니다.
경부 고속 도로는 수원, 천안, 대전, 영동, 구미, 대구, 왜관 등
주요 지역을 경유합니다. 일일생활권 시대가 열린 것입니다.
서울에 사는 사람이 대구나 부산에서 업무를 본 후 집으로
돌아올 수 있게 되었습니다.

1963년부터 1979년까지
대한민국의 대통령이었던 박정희

여섯   1 · 21 사태

박정희 정부는 나라 경제를 먼저 세우고 통일을
이룬다는 정책을 폈습니다. 공산주의를 반대하는
'반공'을 강조했습니다. 북한과 우리나라는 긴장
상태에 있었습니다.
1968년 1월 13일 북한이 31명의 특수 부대 대원을
남한으로 보냈습니다. 이들은 1월 21일 청와대를
폭파하는 임무를 띠고 대한민국 군인으로 위장한
채 서울로 들어왔습니다. 하지만 경찰 검문에서
정체가 탄로 났습니다. 그러자 북한 특수 부대
대원은 수류탄을 터뜨리고 총을 쏘며 저항했습니다.
우리나라 군인과 경찰의 소탕 작전 끝에 28명이
죽고, 한 명을 생포하였으며 나머지 두 명은
북한으로 도망갔습니다.

1 · 21 사태 당시 총에 맞은 소나무
ⓒ Mztourist

1 · 21 사태 후 계속되는 북한의 도발에 박정희는
국가 안전 보장을 최우선으로 삼으며 예비군을
창설했습니다.

3 진정 원하는 일

공대가 안 좋은 건 아니지만, 역시 나하곤 안 맞아.

여기서 계속 공부를 하는 게 맞을까?

등기 왔습니다.

입영 통지서

그래, 우선 생각할 시간을 벌자.

하긴 지금 다시 의대에 가면, 언제 의사가 돼서 돈을 벌겠어.

군대에서도 종욱은 미래에 대해 끝없이 고민하였습니다.

하지만 의대를 포기하고 싶지 않아.

우리 종욱이는 큰 인물이 될 거야, 암.

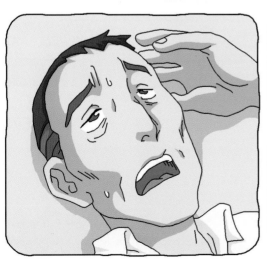

아버지! 아버지!

안 돼!

뻑

벌

아, 꿈이었구나.
난 아버지께 아무것도
해 드릴 수 없었어…….

아버지…….

그래,
고민은 끝났어.

군대를 제대한 종욱은 가족들에게 폭탄 발언을 했습니다.

뭐? 의대를 가겠다고?

아무리 생각해도 난 의대에 가야겠어.

지금 의대에 가면 한참 어린 동생들과 공부해야 해. 남들보다 의사로서의 출발이 그만큼 늦은 거란 말이야.

종욱의 의지는 확고했습니다.

아무것도 해 보지 못하고 아버지를 떠나보냈지만, 많은 이들에게 희망을 주는 의사가 되고 싶어.

뭐야?

나가서 바람도 쐬고 맛있는 것도 사 먹고 그래. 공부도 기운이 있어야 하지.

아......
누나.

누나 약국 갔다 올게.

믿어 줘서 고마워, 누나!

얼마 후.

무슨 좋은 일 있나?

어머니!

덜컥

저 합격했어요!

장하다, 장해!

누나! 종오야!

1970년, 종욱은 마침내 서울 대학교 의과 대학에 합격했습니다.

동기들보다 일곱 살이나 많은 종욱은 동기들에게
뒤처지지 않기 위해 더 열심히 공부했습니다.

미국의 의학이
얼마나 발달했는지
책만 봐도 알겠네.

자, 과제는 이렇게
조를 짜서 진행합니다.

교수님!
저는 어떡하지요?
보시다시피……

시험으로 대신할 수도 없고,
안타깝지만 방법이 없겠군.

고집불통
교수님이셔.

교수님!

저 친구를 저와
같은 조로 해 주십시오.
저 친구의 머리에서
나온 생각을 제가 적어도
그것은 저 친구 것이
맞지 않습니까?

그래 주겠는가?

오,
종욱이 형!

역시 형은
멋져요.

이후 많은 학생들이 늦깎이 신입생인 종욱을 친형처럼 따랐습니다. 종욱의 책임감도 더 커져 갔습니다.

형으로서 부끄럽지 않게 행동해야겠어.

형!

어디 가세요?

부속 병원에 가서 환자 좀 보려고.

저희도 같이 가요.

그래그래.

의대생 종욱은 책으로만 공부하는 것이 아니라, 환자를 직접 돌보며 실습도 열심히 하였습니다.

어휴~ 청진기 같은 기본적인 *비품 구입도 어렵네요. 우리나라는 언제쯤 미국을 따라잡을 수 있을까요?

그러게······.

미국에 가서 배워 오면 얼마나 좋을까?

돈이 문제구나.

종욱은 미국에서 선진 의료 기술을 익히고 싶었습니다. 하지만 유학비가 만만치 않았습니다.

*비품: 늘 일정하게 갖추어 두고 쓰는 물품

형!

무슨 생각을
그렇게 해요?

미국에 가서 선진 의료
기술을 익혀 돌아오면
분명히 우리나라에
많은 도움이 될 거야.
하지만 유학비를 감당할
자신이 없네…….

우리나라에는
미국의 의료 시설이 없나요?

아……!

종욱은 우리나라에 주둔하고 있는 미군에
의료 시설이 있다는 것을 알아냈습니다.

유학을 가지 않고도
미국의 발달된 의료 기술을 엿볼 수 있는
방법이 있어.

미군의 *군의관과 연락을 해서
그들의 의료 기술을 배워 보는 게 어떨까?
영어도 함께 배우고 말이야!

와,
좋은 생각이에요!

미군은 어떤
장비를 쓸까요?

하지만 군의관과
어떻게 연락을 하죠?

우선 편지를 보내서
우리 입장을 말해 보자!
나와 함께하고 싶은 사람은
여기에 서명을 해.

종욱은 동기들을 대표하여 미군 측에
편지를 보냈습니다.

*군의관: 군대에서 의사의 임무를 맡고 있는 장교

얼마 후 카우프만의 집.

그래, 이번 기회에 정기적인 모임을 만들자.

찬성!

나는 대찬성!

여러분의 지적 욕구에 존경을 표합니다. 제가 도움이 되었으면 합니다. 우리의 만남이 단순한 정보 교류가 아닌 우정으로 이어지기를 바랍니다.

감사합니다, 카우프만 소령님.

카우프만과 종욱이 이끄는 의대생 모임은 정기적으로 이루어졌습니다. 의료 기술을 교류하고 영어를 배우는 것은 물론, 깊은 우정을 쌓아 나갔습니다.

건배!

우리나라를 빛낸 의사들

하나 **지석영**

지석영은 우리나라에 종두법을 보급했습니다. 그는 1855년 조선 철종 때에 태어났습니다. 양반 집안이었지만 가난하여 서당에 보낼 형편이 되지 않았습니다. 아버지는 어릴 적부터 영리했던 지석영을 친하게 지내던 한의사 박영선에게 보냈습니다.

박영선은 1876년 일본에 수신사(강화도 조약 이후 일본에 보낸 외교관)로 가게 되었습니다. 그때 일본인 의사에게 우두법을 배우고 《종두귀감》이라는 책을 얻어 왔습니다. 조선으로 돌아온 박영선은 지석영에게 우두법을 가르쳐 주었습니다.

1879년 지석영은 부산에 있는 제생의원에 가서 2개월간 종두법을 배웠습니다. 우두의 원료와 접종 기구인 종두침 두 개도 얻었습니다. 서울로 돌아오는 길에는 처가가 있는 충주에 들러 어린 처남과 마을의 어린이 40여 명에게 우두를 놓았습니다. 이것이 우리나라에서 최초로 실시한 종두법입니다.

지석영이 계속해서 아이들에게 우두를 접종하려면 우두의

천연두로부터 많은 사람을 구한 지석영

who? 지식사전

최초로 우두법을 개발한 의사

우두법은 1796년 영국의 외과 의사 에드워드 제너(1749~1823년)가 처음으로 개발했습니다. 젖소의 우두 바이러스는 사람에게도 옮기는데, 우두에 걸린 소녀들은 천연두에 걸리지 않았습니다. 제너는 이 사실을 주의 깊게 관찰했습니다. 우두를 앓는 소의 상처에서 얻은 고름을 하녀의 아들에게 접종했습니다. 다행히 아이는 병에 걸리지 않았습니다. 몇 달 뒤 천연두를 접종했는데, 결과는 성공적이었습니다. 이로써 천연두 백신이 탄생했습니다.

최초로 천연두 백신을 접종하는 제너

재료인 두묘가 필요했습니다. 두묘란 우두에 걸린 소의
상처에서 뽑아낸 흰색 액체입니다. 제생의원에서 미처 두묘를
만드는 법은 배우지 못했던 것입니다.
1880년 지석영은 수신사의 일행으로 일본에 가게 되었습니다.
지석영은 이때 두묘를 만드는 법을 완전히 배우고
돌아왔습니다. 그리고 종두장을 차려 우두 접종 사업을
펼쳤습니다. 전라도와 충청도에는 우두국을 설치해 종두법을
가르쳤습니다.

둘 허준

허준은 조선 시대 의학자로, 선조와 광해군의 어의를
지냈습니다.
허준은 양반 가문의 서자로 태어났습니다. 서자란 양반과
양반이 아닌 평민 사이에서 낳은 자식을 말합니다.
어릴적부터 총명했던 허준은 의학을 익혀 궁궐에서 임금의
병을 돌봤습니다. 1590년 허준은 천연두에 걸린 광해군을
고쳐 주었습니다. 임진왜란 때에도 왕세자의
병을 낫게 하여 높은 벼슬에 올랐습니다.
그러나 1608년 선조가 세상을 떠나자, 조정의
대신들은 어의인 허준에게 책임을 물어 유배를
보냈습니다.
유배지에서 허준은 《동의보감》을 완성했습니다.
《동의보감》은 조선 의학의 발전에 큰 도움을
주었습니다. 중국과 일본에서도 널리 읽히며
동아시아 전통 의학에 이바지했습니다.
허준은 감염병에 관련한 책 《신찬벽옥방》과
《벽역신방》도 편찬했습니다. 《벽역신방》은
1613년 우리나라에서 처음으로 유행했던
성홍열에 관한 내용을 담고 있습니다.

조선 최고의 의서 《동의보감》을 펴낸
허준

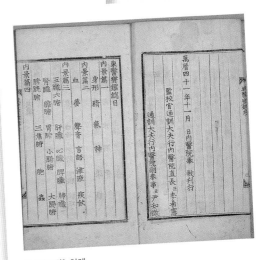

《동의보감》 차례

이국종은 중증 외상 분야 외과 전문의입니다. 그는 1969년
서울에서 태어났습니다. 이국종의 아버지는 6 · 25 전쟁 중에
몸을 다쳤습니다. 어릴 때 축농증을 앓았던 이국종은, 나라가
전쟁에서 다친 군인에게 주는 의료 복지 카드를 가지고 병원에
다녔습니다. 이를 꺼리는 병원도 있었습니다. 그러나 '김학산
외과'에서는 그를 일반 환자처럼 대했고, 환자가 내야 할 돈을
받지 않기도 했습니다. 이는 이국종에게
깊은 인상을 남겼습니다.

이국종은 아주 대학교에서 의학을
공부하고, 이후 미국 캘리포니아 대학교
외상 센터와 영국 로열 런던 외상
센터에서 공부했습니다. 한국으로
돌아와 아주 대학교 병원에서 일하던 중
2011년, 소말리아 해적에게 납치되어
구출된 석해균 선장을 치료하기도
했습니다. 총상을 입어 위독했던
석해균 선장은 그의 노력 덕분에 건강을 회복했습니다.
이국종은 전국에 권역 외상 센터를 세우고, 국가가 지원하도록
하는 응급 의료에 관한 법률을 만드는 데 이바지했습니다.

우리나라 최고의 외상 외과 의사 이국종

who? 지식사전

중증 외상과 골든아워

중증 외상이란 머리, 가슴, 팔다리, 골반 등 신체 여러 부분을 다친 상태를 말합니다. 중증 외상은 폐나 심장, 간과 신장
등과 같은 장기 및 복부 혈관이 손상되어 피를 흘립니다. 갑자기 혈액이 줄어들면 저혈압 쇼크 상태에 빠지고 생명이
위태로워집니다. 따라서 중증 외상 환자는 1시간 이내 치료가 이루어져야 합니다. 이를 '골든아워'라고 합니다. 이러한
환자들은 신속하게 구조하여 치료가 가능한 병원으로 옮겨져야 합니다. 다친 부위가 여러 곳이기 때문에 각 분야의
전문의들이 함께 집중적으로 치료합니다.

넷　박에스더

박에스더는 우리나라 최초의 여성 의사입니다. 본명은
김점동입니다. 에스더는 그의 세례명이고, 성씨는 남편
박유산의 성을 따른 것입니다.

1877년 서울에서 태어난 박에스더는 딸만 넷인 가난한
집안의 막내였습니다. 그는 의료 선교사 로제타 홀의
도움으로 미국 뉴욕으로 건너가 공부했습니다. 뉴욕
아동 병원에서 일하며 생활비와 학비를 벌어 1896년
볼티모어 여자 의과 대학교에 입학했습니다.

한국 최초의 여자 의사 박에스더

1900년 의과 대학 졸업을 앞둔 박에스더는 큰
슬픔을 겪었습니다. 자신의 공부를 포기하고 아내를
뒷바라지하던 남편 박유산이 병으로 그만 세상을
떠난 것입니다.

우리나라로 돌아온 박에스더는 남성 의사에게 몸을 보이기
꺼리는 조선 여성들을 진료했고, 간호 양성소를 세웠습니다.
황해도와 평안도 일대를 다니며 진료 봉사를 했으며, 한국에서
의사로서 활동한 10년간 매해 5천여 명의
수많은 환자를 진료했습니다.

박에스더는 결핵에 걸려 1910년 4월 13일
34세의 나이로 삶을 마쳤습니다. 박에스더를
가족처럼 따르던 로제타 홀 선교사의 아들
셔우드 홀 선교사는 결핵 전문 의사가
되어, 황해도 해주에 한국 최초의 결핵
요양소를 세웠습니다. 또 결핵을 퇴치하고자,
1932년 우리나라 최초로 크리스마스 씰을
발행했습니다. 판매 기금은 결핵을 퇴치하는 데
쓰였습니다.

1914년 미국에서 발행한 크리스마스 씰

아시아의
슈바이처

1976년, 서른한 살의 이종욱은
대학을 졸업했습니다.

종욱아, 너 유학 간다며?

응, 시험에 통과해야 한대.
그래서 우선 보건소에서 일하면서
공부를 더 하려고.

보건소는 질병을 예방하고 진료하기 위한
공공 의료 기관으로, 나라에서 세운 곳입니다.
때문에 일반 병원보다 저렴해 가난한 사람들이
주로 이용했습니다.

다음 분요!

여기가 콕콕 쑤셔.

저녁에
뭐 드셨나요?

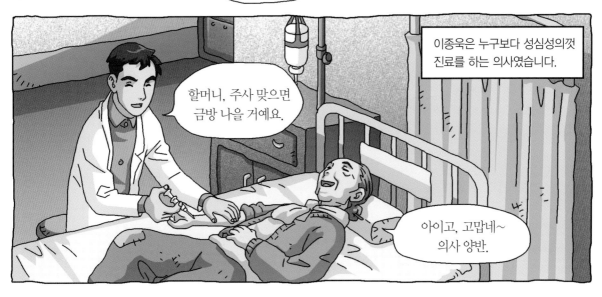

이종욱은 누구보다 성심성의껏
진료를 하는 의사였습니다.

할머니, 주사 맞으면
금방 나을 거예요.

아이고, 고맙네~
의사 양반.

수고했어.
내일은 *성 라자로 마을
봉사인 거 알지?

처음 가는 거라 긴장되네요.
선배, 제가 도움이 되겠죠?

긴장할 것 없어.
하루 때우다 오면
되는 거야.

네?

거기 사람들 다 *문둥병 환자잖아.
그냥 적당히 시간 보내고
약 주고 오면 된다고.

그럼 내일 수고해.

......

*성 라자로 마을: 한센병 환자들의 치료와 생활을 지원하는 시설
*문둥병: 나병(한센병)을 낮잡아 이르는 말

적당히?
적당히라고요?

의사가 그래서야
되겠습니까?

성 라자로 마을?
거긴 *한센병 환자들이
사는 곳 아니니?

맞아. 나의 도움이
정말 필요한 곳이지.

혹시라도
전염되면
어떡하려고?

걱정 마.
환자들이 약을
먹으면 전염력이
없어지거든.

*한센병: 나병이라고도 불리는데, 나병균에 의한 감염증으로
 피부에 살점이 불거져 나오거나 반점이 생기는 감염병

성 라자로 마을 사람들은 보건소에서 의사가 오는 날이면 모두 나와 진료를 받고 약을 탔습니다.

이분들은 왜 이렇게 쓸쓸해 보일까?
나라도 기운을 내야겠어.

휴.

고름이 꽉 찼네요.
짜내야겠어요.

진료소

흠칫

앗!

이종욱은 환자의 *환부를 맨손으로 만지며 고름을
짜려고 했습니다. 이때 놀란 사람은 환자였습니다.

왜 그래요?
아프세요?

맨손으로 만지다가
전염되면 어찌시려고
그럽니까?

걱정 마세요.
약을 드시고 계시니
전염되지 않습니다.

그, 그래도……

설마…… 약을
안 드시는 건 아니죠?

선생님도
참…….

하하하!
장난친 거예요.

이종욱은 환자들이 놀라거나 당황하면 재치 있게
그 상황을 풀어 나갔습니다.

*환부: 병이나 상처가 난 자리

정말?

그렇다니까! 고름을 직접 손으로 만졌어.

우리를 환자가 아니라 사람으로 대하는 게 느껴져.

좀 다른 것 같긴 해.

이종욱에 대한 소문은 한센병 환자들 사이에서 빠르게 번졌습니다.

한편, 이종욱은 마을 사람들의 표정이 어두웠던 것이 여전히 마음에 걸렸습니다.

신부님, 환자들 모두가 슬퍼 보여요. 한센병이라는 것이 그런 거겠지요?

그것보다 환자들은 가족이 그리운 겁니다. 사랑하는 가족들과 떨어져 이곳에서 홀로 지내야 하니까요.

그 쓸쓸함을 내가 조금이라도 보듬어 줄 수 있다면 좋겠어……

그런데 신부님, 저 아가씨는 누구죠?

일본에서 온 가부라키 레이코예요. 이곳에서 한센병 환자들을 돌보고 계십니다.

일본인이라고요?

일본은 불과 수십 년 전까지 우리나라를 식민지로 삼았던 나라였습니다. 당시 양국의 감정은 매우 좋지 않았습니다.

레이코라고 했지? 일본인이 한국까지 자원봉사를 하러 오다니. 정말 보통 용기가 아니야.

일본인이라고 들었는데 어떻게 한국까지 오실 생각을 하셨어요?

도움이 필요한 곳이 어디
내 나라에만 있겠어요?

두 사람은 서로에게 이끌렸습니다. 레이코는 수녀가 되어 봉사하는 삶을 살겠다는 꿈을 접고,
이종욱의 평생 반려자가 되기로 결심했습니다. 그리고 두 사람은 1976년 12월 18일,
많은 축복을 받으며 명동 성당에서 결혼식을 올렸습니다.

이종욱과 레이코는 아들 충호를 낳고 행복하게 살았습니다.
하지만 당시 법에 따라 레이코는 *비자를 갱신하기 위해
6개월마다 일본을 오가야 했습니다.

충호야,
울지 말고 뚝!
엄마 곧 오실 거야.

응애
응애

언제까지
레이코와 이런 식으로
떨어져 지내야 할까?

그래!
그거야!

탁

하와이로 이민을
가자고요?

네, 그곳에서
한센병에 대해
더 깊이 공부하면
좋을 것 같아요.

더군다나 하와이 유학생의
가족은 비자를 갱신하지 않아도
된대요.

정말요?

*비자: 외국인에 대한 출입국을 허가하는 증명

1979년, 이종욱은 가족과 함께 하와이로 유학을 떠났습니다.
그리고 밤낮을 가리지 않고 공부해 1981년, 하와이 보건 대학에서
한센병과 관련한 논문으로 *석사 학위를 받았습니다.

교수님,
부르셨습니까?

2년간 지켜본 결과 자네가
매우 유능한 인재라는 걸
알게 되었네.

그래서 말인데, 이 대학에 남아
강의를 맡는 게 어떻겠나?

제가 교수를요?

*석사 학위: 대학원의 석사 과정을 마친 사람이 받는 학위

대학교수가 되면 안정적인 삶을
누릴 수 있어. 명예도 따라오겠지?

하지만
소외된 환자들을 직접 만나서
도움을 주긴 어려울 거야.

안정된 삶과 자신의 꿈 사이에서 며칠을 고민하던
이종욱은 레이코에게 마음을 털어놓았습니다.

레이코, 가족을
고생시킨다는 걸 뻔히
알면서도 내 뜻대로
살면 안 되겠죠?

당신,
실망인걸요?

당신이 진정
원하는 길로
가세요. 그게 바로
제가 원하는 길이에요.

아, 고마워요.
레이코!
정말 고마워요.

이종욱은 교수 제의를 거절하고 *사모아의 린든 B. 존슨 병원에서 *임상의로 일하게 되었습니다. 섬나라인 사모아 주민들은 의료 혜택을 거의 받지 못하고 있었습니다.

그래, 사모아야말로 내가 있어야 할 곳이야. 이 사람들에게 내가 배운 모든 것을 아낌없이 펼치겠어.

휴~ 이제 끝났네.

*사모아: 남태평양에 있는 아홉 개의 섬으로 이루어진 나라
*임상의: 환자를 직접 대하여 진단과 치료를 하는 의사

세계 보건 기구(WHO)가
*천연두를 퇴치했다고
공식 발표를 했습니다!

'2000년까지 모든
인류에게 건강을'이라는
목표가 참 멋지다!

세계 보건 기구는 1948년 4월 설립된 국제 연합의 전문 기구로,
세계의 보건과 위생 분야의 협력을 위해 만들어졌습니다.

세계의 모든 사람들이 가능한 최고의 건강 수준에
도달하는 것을 목적으로 합니다.

*천연두: 열이 나고 온몸에 종기가 나는 급성 감염병

세계 보건 기구의 본부는 스위스 제네바에 있습니다.
본부 사무국을 중심으로 중앙 기술 사업을 벌이며, 각 지역
사무국을 중심으로 각국에 대한 기술 원조를 하고 있습니다.

만일 내가
세계 보건 기구에
들어간다면, 할 수
있는 일도 많겠지?

앗, 가야 할
시각이다!

이종욱은 린든 B. 존슨 병원에서 일하면서 틈틈이 세계 보건 기구 서태평양
지역 사무처를 통해 한센병 환자를 돌보는 봉사를 했습니다.

이때 문득 이종욱은 성 라자로 마을의 한센병 환자들이 생각났습니다.

다들 잘 지내고 계시겠지?
오늘따라 더 생각이 나네.

가족과 함께하지 못하는
고통이 얼마나 클까? 내가 가서
도와드려야 하는데.

이종욱이 한센병 환자를 돌보고 떠난 후, 마을 사람들
사이에서는 그에 대한 이야기가 끊이지 않았습니다.

정말 성심성심껏
봐주시더라고요.

그분, 교수직도 버리고
이곳으로 온 거래요.

정말요?
마치 *슈바이처 박사가
살아 돌아온 것 같아요.

*알베르트 슈바이처(1875~1965년): 의료 혜택을 받지 못하는 아프리카에서 헌신적인 의료 봉사를 한 독일의 의사

그러던 어느 날.

다음 환자분!

HOSPITAL

이종욱 선생님, 세계 보건 기구 서태평양 지역 사무처에서 나왔습니다.

예? 무슨 일이신가요?

사모아 주민들은 선생님을 아시아의 슈바이처 박사라고 부르더군요.

아······.

선생님을 세계 보건 기구 서태평양 지역 사무처 한센병 자문관으로 모시고 싶습니다.

세계 보건 기구 한센병 자문관이라……. 그동안 내가 관심이 많았던 분야야. 하지만 환자들은 지금도 내가 오기만을 기다리고 있을 텐데…….

자문관이 되시면 사모아를 넘어 더 많은 사람들에게 도움을 줄 수 있을 것입니다. 현명한 판단 부탁드립니다.

훨씬 많은 환자들이 선생님의 도움을 기다리고 있습니다.

이종욱은 기쁘게 제안을 받아들였습니다. 이리하여 1983년, 이종욱은 세계 보건 기구 서태평양 지역 사무처 한센병 자문관으로 세계 보건 기구에 첫발을 내디뎠습니다.

국제기구에서 일한 한국인

세계에는 많은 국제기구가 있습니다. 사무총장이 아니더라도 경제, 농업 분야 등 전문적인 국제기구에서 활약한 한국인들이 있습니다. 그럼, 국제기구에서 자신의 전문성을 발휘하며 우리나라의 위상을 높인 자랑스러운 한국인을 살펴보겠습니다.

외교관에서 국제 연합 사무총장이 된 반기문

하나 반기문

반기문은 한국인 최초로 국제 연합(UN) 제8대 사무총장을 지냈습니다. 충북 음성의 가난한 농촌에서 태어난 반기문은 1962년 고등학교 3학년 때 미국 적십자사에서 주관하는 영어 수필 경시대회에 참가해 우수한 성적을 거뒀습니다. 이에 대한민국을 대표하는 학생으로 선발되어 미국을 방문하게 되었는데, 이때 백악관에서 존 F. 케네디 대통령을 만나, 외교관을 꿈꾸게 되었습니다.

세계 경제 포럼에 참석한 반기문과 빌게이츠

반기문은 1970년 외무 고시에 합격한 뒤 외교부에 몸담게 되었습니다. 1991년에는 외교부 국제 연합 과장이 되었고 2004년에는 외교 통상부 장관을 지냈습니다. 2006년 반기문은 국제 연합 사무총장 선거에 나갔습니다. 인도 출신 샤시 타루르와 경쟁한 반기문은 수차례의 예비 투표를 거쳐 최종 후보에 올랐습니다. 그리고 유엔 총회의 표결을 거쳐 여덟 번째 사무총장에 올랐습니다.

이창용은 성제학자입니다. 2014년 우리나라 최초로 국제 통화 기금(IMF) 아시아 태평양 담당 국장에 올랐습니다.

충청남도 논산에서 태어난 이창용은 서울 대학교 경제학과를 졸업하고 미국 하버드 대학교에서 경제학 박사 학위를 받았습니다. 1994년 이창용은 서울 대학교에서 학생들에게 경제학을 가르쳤습니다. 그의 나이는 불과 34살이었습니다. 이준구 교수와 함께 쓴 《경제학 원론》은 지금도 경제학을 배우는 학생들의 교과서로 쓰이고 있습니다.

이창용은 국제기구 아시아 개발은행(ADB) 수석 이코노미스트로도 활동했습니다. 아시아 개발은행은 1966년 설립된 아시아 태평양 지역의 경제 협력과 경제 발전을 위해 대책과 방법을 세우는 기구입니다.

국제 통화 기금 본부

아시아 개발은행 로고

who? 지식사전

국제 통화 기금(IMF)

국제 통화 기금은 1947년 출발하였습니다. 본부는 워싱턴 D.C에 있습니다. 환율과 국제 수지 등 국제 금융 체계를 감시, 감독하는 국제기구입니다. 국제 통화 기금은 나라 사이의 재정 상황을 안정시켜 무역이 활발하게 이루어지도록 합니다. 또 경제 성장을 이끌어 빈부 격차를 줄이기 위해 대책과 방법을 마련합니다. 우리나라는 1997년 국제 통화 기금으로부터 195달러의 금융 지원을 받았습니다. 그리고 2001년 국가와 국민이 힘을 합쳐 빚을 모두 갚았습니다.

셋 소재향

소재향은 미국에서 경제학과 경영학을 공부한 뒤 1992년
세계은행(Word Bank)에서 활동했습니다. 세계은행은 국제 통화
기금(IMF)과 세계 무역 기구(WTO)와 함께 3대 국제 경제 기구로
꼽힙니다.

세계은행은 1944년 설립을 결정하고 1946년
업무를 시작했습니다. 빈곤을 퇴치하고 개발
도상국 지역의 국민 생활 수준을 끌어올리는 것을
목표로 삼고 있습니다.
우리나라는 1955년 세계은행의 회원국으로
가입했습니다. 세계은행에는 약 50여 명의
한국인이 근무하고 있습니다.
소재향은 2014년 세계은행에서 양허성 자금 국제
협력부 국장에 올랐습니다. 양허성 자금이란
선진국에 비해 기술과 제도가 뒤처진 개발 도상
국가에 낮은 이자로 오랜 기간 빌려주는 돈을
말합니다.

미국 워싱턴 DC에 위치한 세계 은행 본부

넷 김용

김용 세계은행 총재 취임식에 참석한 오바마 전 대통령

소재향의 능력을 알아본 사람은 세계은행 김용
총재입니다. 1959년 서울에서 태어난 김용은
다섯 살 때 부모와 함께 미국에서 이민 생활을
했습니다. 김용은 하버드 대학교에서 의학과
인류학을 공부한 뒤 20년간 하버드 의대에서
학생들을 가르쳤습니다.
2009년 동양인으로 최초로 미국 아이비리그
명문 다트머스 대학교 총장이 되었으며,
2012년에는 의사 출신으로 세계은행 총재 자리에

올랐습니다. 이는 1968년 세계은행이 설립된 이후 처음으로
한국계 총재가 탄생한 사례입니다.

다섯 임규옥

임규옥은 서울 대학교 농학과에서 공부한
뒤 미국 데이비스 캘리포니아 대학교에서
식물학으로 박사 학위를 받았습니다.
2014년에는 국제 연합 식량 농업
기구(FAO) 국제 식물 보호 협약(IPPC)
제8대 의장으로 뽑혔습니다. 국제
연합 식량 농업 기구는 국제 연합 산하
기구입니다.
1952년 기구가 설립된 이후 아시아
사람이 의장을 맡은 것은 처음 있는
일입니다. 이로 인해 국제 사회에서 우리나라의 위상이
높아졌습니다.
국제 식물 보호 협약은 나라와 나라가 식물을 사고팔 때
해충과 감염병이 들어오지 못하도록 하여, 식물 병해충의
확산을 막는 일을 합니다. 공항과 항구 등에서 검사하는
기준과 방법 등을 정하고 이와 관련된 분쟁을 해결합니다.

로마에 있는 국제 연합 식량 농업 기구 본부 © Scopritore

who? 지식사전

김용 세계은행 총재와 세계 보건 기구

김용은 1987년, 의대에 다니면서 동료 의사와 함께 의료 봉사 단체 '파트너스 인 헬스(Partners In Health, PIH)'를
만들었습니다. 먼저 가난한 아이티에서 폐결핵 환자를 무료로 치료했습니다. 그러나 많은 환자를 치료하는 데 비싼 약값이
걸림돌이었습니다. 그는 결핵 치료 약품 가격을 낮추는 운동을 펼쳤고, 약값을 90% 이상 내리는 데 성공했습니다. 많은
환자가 의료 혜택을 누리게 되었습니다. 의료 봉사가 인연이 되어 김용은 2004년, 세계 보건 기구에서 에이즈 국장이 되어
이종욱 사무총장과 함께 에이즈 치료 약을 보급하는 운동에 전념했습니다.

5 일을 찾아다니는 사람

이 젊은 친구는 누군가?

한국에서 온 의사입니다. 환자가 있는 곳이라면 어디든 진료 가방을 들고 찾아간다고 합니다.

이종욱은 변함없이 성실하고 진심을 다해 환자를 돌보았고, 그 결과 그의 이름은 점점 알려졌습니다.

이런 사람이 필요해. 당장 연락해 보게.

따르르르르

이종욱 박사인가요? 난 *한상태 세계 보건 기구 서태평양 지역 사무처장입니다.

네? 사무처장님이오?

*한상태: 1989년부터 2년간 세계 보건 기구 서태평양 지역 사무처장을 지낸 대한민국의 의학자

이종욱 박사 명성이 자자하더군요.

아, 감사합니다.

더 많은 사람에게 그 혜택을 주는 것이 어떻겠습니까?

네?

질병 관리 국장이 되어 질병 예방 프로그램을 책임지는 편이 훨씬 많은 사람들을 도울 수 있지 않겠습니까? 당신을 세계 보건 기구 서태평양 지역 사무처 질병 관리 국장으로 임명하고 싶습니다.

질병 예방 프로그램요?

내가 그토록 바라던 예방……!

어디로
가야 합니까?

1991년, 이종욱은 세계 보건 기구 서태평양 지역 사무처의
질병 예방 관리 국장이 되어 필리핀의 마닐라로 향했습니다.

환영!
이종욱

사무처장님,
직접 나오셨네요?

반갑네요,
이종욱 박사님!
내 차로 갑시다.

앞으로 제가 해야 할 일이 정확히 어떤 건가요?

소아마비, 결핵, 파상풍 등 많은 병의 예방 접종 프로그램을 총괄하는 일입니다.

아~ 그럼 현재 지역 사무처에서 가장 중요하게 생각하는 사업은 무엇입니까?

다른 질병도 마찬가지지만, 지금은 소아마비 *백신을 보급하는 일에 주력하고 있어요.

그렇죠. 어린아이의 팔다리를 마비시키는 병도 백신 하나면 예방할 수 있으니까요.

그런데 사업이 부진합니다.

*백신: 면역을 주기 위해 생체에 투여하는 항원

질병 예방 관리 국장이 된 이종욱은 개발 도상국에 소아마비 백신을 보급하는 것을 최우선 목표로 삼았습니다. 하지만 늘 비용이 문제였습니다.

이래서 어느 세월에 백신을 공급한단 말인가? *기술 자문단 회의 때 이 문제를 거론해야겠어.

얼마 후, 필리핀 세부에서 기술 자문단 회의가 열렸습니다.

서태평양에서 소아마비를 완전히 퇴치하려 합니다. 그러려면 백신이 있어야 하고, 백신을 생산할 비용이 필요합니다. 어떻게 비용을 마련하면 좋겠습니까?

*기술 자문단 회의: 세계 보건 기구에서 하는 사업의 실효성과 현실성에 대해 충고해 주는 자문 위원과 관련 기업의 인사들이 모인 회의

어떻게 하면 백신 보급을 위한 비용을 마련할 수 있는지 그 얘기만 합시다! 다른 말씀은 하지 마세요.

잠시 동안 침묵이 흘렀습니다. 그리고 자문 위원들은 자금을 마련하기 위한 방법을 고민하기 시작했습니다.

자선 단체에 기부를 요청해 보는 것도 방법입니다.

적십자에 구호금을 요청하는 방법은 어떨까요?

결국 자선 단체에 우리의 뜻을 알리고, 기부를 요청하는 것이 가장 현실적인 방법이군요.

웅성
웅성

쉽지 않을 텐데요. 그걸 누가 하지요?

제가 합니다.

국장님께서 직접 하신다고요?

이종욱은 직접 발로 뛰어다니며 많은 자선 단체와 접촉했습니다.

우리는 올해 예산을 모두 집행했습니다.

후유, 역시 내 맘 같지 않네.

우리 단체는 그보다 더 우선인 사업이 있어서요.

하지만 후원금을 모으기란 쉽지 않은 일이었습니다.

이종욱이 후원금 마련을 위해 접촉한 자선 단체 중에는 *국제 로타리 클럽도 있었습니다.

똑
똑

국제
로타리 클럽

실례합니다.

음, 소아마비란 게
예방이 되는 병이었나요?

그렇습니다.
백신만 있으면 예방할 수 있는데,
많은 사람들이 그걸 모르고 있습니다.
로타리 클럽의 도움이 필요합니다.
이보다 더 시급한 사회봉사가
어디 있겠습니까?

회원들에게 사정을
알리도록 하겠습니다.
하지만 후원금이
얼마나 모일지는
알 수 없습니다.

이건 소아마비 발병 현황과
그에 비해 턱없이 부족한
백신 공급에 대한 자료입니다.
이 사실을 함께
알려 주시기 바랍니다.

*국제 로타리 클럽: 사회봉사와 세계 평화를 목적으로 하는 전문 직업인들의 국제적인 사교 단체

당시는 이메일이 발달하지 않아 클럽 회원들은 국제 우편으로 간행물을 받아 보았습니다.
그래서 전 세계에 흩어진 회원들이 이것을 모두 받는 데도 꽤 오랜 시간이 걸렸습니다.

이종욱은 열심히 뛰어다닌 끝에 국제 로타리 클럽으로부터 6억 달러를 지원받았습니다. 이는 우리나라 돈으로 7,300억 원에 달하는 많은 금액으로 천만여 명의 아이들을 소아마비에서 구할 수 있는 돈이었습니다.

이종욱의 성과는 스위스 제네바에 있는 세계 보건 기구 본부에 보고되었습니다. *사무총장 *나카지마는 그런 이종욱을 눈여겨보았습니다.

음, 이종욱이 질병 관리 국장으로 있는 동안 서태평양 소아마비 발병률이 이렇게나 떨어졌어. 지금 여기에도 이런 사람이 필요한데⋯⋯.

세계 질병 퇴치를 위해 만들어진 새 부서의 예방 백신 국장으로 임명되었다고! 이제 제네바로 가시오.

네?

7년 동안 지역 사무처의 한 분야를 담당하는 직원이었던 이종욱은 1994년, 세계 보건 기구 본부 예방 백신 국장이 되며 더 큰 사업을 책임지게 되었습니다.

그래! 이제 전 세계의 사람들을 도울 수 있어!

*사무총장: 사무국의 일을 지휘하고 총괄하는 사람
*나카지마 히로시(1928~2013년): 1988년부터 10년간 세계 보건 기구 사무총장을 역임한 일본인

*세계 보건 총회는 1988년부터 2000년까지 소아마비를 퇴치한다는 목표를 채택했지만, 당시 사업은 별 진전이 없었습니다.

저는 세계적으로 소아마비의 완전한 퇴치를 위해 할 수 있는 모든 방법을 다 동원할 것입니다.

말도 안 돼.

국장님, 서태평양 지역에서의 성과는 들었습니다만 자금이 충분하지 않습니다.

세계 보건 기구가 존재하는 이유가 뭡니까? 세계의 보건을 위해서입니다. 자금이 없다면 회원국을 설득해서 마련해야 합니다.

*세계 보건 총회: 보통 매년 5월에 스위스 제네바에서 열리는 세계 보건 기구 최고 의결 기관

여러분은 백신을 어디에 얼마나 보급할지에 대한 계획을 세워 주십시오. 자금을 모으는 일은 제가 합니다.

하지만……

이종욱은 자신의 말을 실천에 옮겼습니다. 그는 선진국인 회원국들을 돌며 개발 도상국에 대한 백신 지원을 호소했습니다.

우리가 누리는 경제적 혜택의 일부분만 사용하여도 수많은 어린아이들의 목숨을 구할 수 있습니다.

끄덕 끄덕

소아마비 발병률이 뚝 떨어졌대요.

내 기부가 도움이 된 것 같아 너무 뿌듯하군.

앞으로 나를
도와주면 좋겠습니다.
더 높은 자리에 서면
더 멀리 보일 겁니다.

네, 열심히
하겠습니다!

이종욱은 사무총장의 특별 보좌관으로 승진했습니다.

일은 편하고 봉급도 올랐지만,
이 자리는 지나치게
한가하군.

그러던 어느 날.

서태평양 지역 사무처의
백신 보급 현황을
알 수 있겠나?

서태평양 지역 사무처로
문의할까요?

그래 주겠나?

*인명부: 어떤 일에 관련된 사람의 이름, 주소, 직업 따위를 적어 놓은 장부

이종욱은 전자 공학을 공부하던 아들에게 의견을 구했습니다.

가능해요.

그게 정말이니?

네, 이제 누구든 두어 번만 클릭하면 연결할 수 있어요.

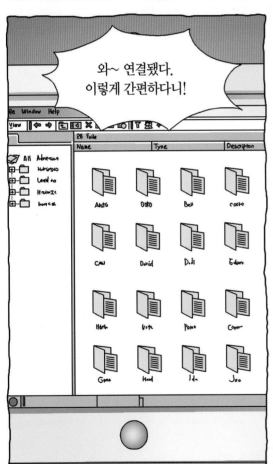

와~ 연결됐다. 이렇게 간편하다니!

이종욱은 컴퓨터 프로그램을 통해 전 세계의 세계 보건 기구 지역 사무처 직원들이 간편하게 서로 연락할 수 있도록 했습니다.

이종욱 보좌관님은 일을 찾아다니면서 하서.

시간 낭비를 줄여 효율적으로 일해야 해.

한편, 세계 보건 기구 사무총장 브룬틀란은 결핵 퇴치에 대해 고민하고 있었습니다.
결핵은 인류 역사상 가장 많은 생명을 앗아 간 감염병입니다.

아직도 결핵으로 수많은 사람들이 죽어 가고 있구나.

부르셨습니까?

네, 보좌관님께서 다양한 일을 해내고 있더군요.

제가 해야 할 일인걸요.

내년부터 세계 보건 기구의 목표를 결핵 퇴치로 하려고 합니다. 어떤가요?

옳은 생각입니다. 결핵은 여전히 많은 사람의 목숨을 빼앗고 있지요.

세계 보건 기구는 1993년에 결핵 확산을 전 세계 비상 사태로 선포하고 대책을 세웠습니다. 하지만 2000년에 들어서 결핵 치료제에 대한 내성이 생겨 또 다른 대책이 필요했습니다.

일을 찾아다니는 사람 **123**

2000년 12월, 결핵 국장이 된 이종욱은 북한을 포함한
19개 국가에 결핵 의약품을 공급하는 결핵 퇴치 사업을 벌였습니다.

또한 이종욱은 의약품이 잘 보급되고 있는지
확인하는 일도 게을리하지 않았습니다.
2002년에는 직접 북한에 방문하기도 했습니다.

의약품을 평양에만 둘 것이
아니라 지방으로도 꼭 보내서
고통받는 사람들을 구해 주십시오.

염려 마십시오,
리 선생.

약을 먹으면
금방 나을 것입니다.
너무 걱정 마세요.

이종욱의 꼼꼼한 일처리와 과감한 추진력은 많은 이들에게 인정받았고,
그를 존경하는 사람도 점점 늘었습니다.

어디서 저런
힘이 나오는 걸까요?

그러게…….
잠은 제대로 주무시는지
모르겠어요.

세계가 놀라는
우리나라 의료 기술

우리나라의 의료 기술과 보건 산업은 눈부시게 발전했습니다.
질병을 예방하고 치료하는 데 첨단 의료 기기와 기술이 쓰이고
있습니다. 덕분에 질병의 공포에서 한결 자유롭게 되었습니다.
그럼 세계가 놀란 우리나라의 의료 기술을 살펴보겠습니다.

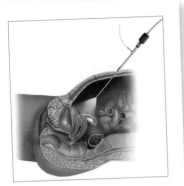

내시경으로 배 속의 모습을 들여다보면서
하는 복강경 수술 © BruceBlaus

하나 복강경 수술

과거에는 장기에 생긴 질병을 치료하기 위해 수술용 칼로 배를
열고 수술을 해야만 했습니다. 이와 달리 복강경 수술은 배
부분에 0.5~1.5센티미터 크기의 작은 구멍을 여러개 내고,
그 구멍을 통해 비디오카메라 및 의료 기기를 배 안으로 넣어
수술합니다.
수술 방법은 환자가 마취된 후에 배꼽 부위에 바늘을 찔러
배 속에 이산화탄소를 넣어 배를 부풀게 합니다. 그리고 작은
구멍에 카메라를 넣으면 수술실 모니터를 통해 배 속의 모습을
영상으로 볼 수 있습니다. 의사는 의료 기구를 넣어 병이 있는
부분을 떼어 내고 다시 봉합하지요.
복강경 수술은 배를 열고 하는 개복 수술에 비해 수술 상처가
매우 작습니다. 따라서 수술 후 통증이 적고, 빠르게 회복할
수 있습니다. 환자는 수술 후 2~3일 정도 지나면 퇴원을 할 수
있으며 빠르게 일상으로 돌아갈 수 있습니다.
복강경 수술법은 충수염, 초기 위암까지 다양하게 사용되며
병이 생긴 위치와 진행한 정도에 따라 선택합니다. 그동안
축적된 과학 기술과 진단 장비가 뒷받침되어 나날이 의료
기술이 발전하고 있습니다.

복강경 수술 장비 © Nimur

전 세계에서 뇌혈관 질환으로 목숨을 잃는 사람이
한 해 약 550만 명에 달합니다. 그 가운데 대표적인
뇌혈관 질환은 뇌졸중입니다. 뇌졸중이 생기면
10%가량이 생명을 잃는데, 대부분 증상을 느끼지
못해 '침묵의 살인자'라고 합니다. 우리나라에서는
10만 명당 80명이 뇌졸중으로 목숨을 잃습니다.
뇌혈관 질환을 치료할 때는 뇌혈관내 수술을
합니다. 내혈관내 수술은 뇌졸중, 뇌출혈과
같은 뇌혈관 질환을 첨단 영상 장비를
이용하여 진단하고 치료하는 첨단 기술입니다.
우리나라는 2013년부터 수준 높은 진료를 위해
내혈관내 수술 인증제를 도입했습니다.

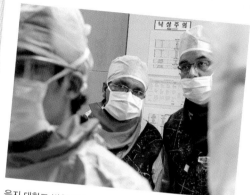

을지 대학교 병원에서 뇌혈관 수술 과정을 연수받는 인도 의사들

이 외에도 머리 피부와 머리뼈를 절개하지 않고 수술하는
최첨단 수술법을 들여왔습니다. 이는 컴퓨터와 영상 진단
기술의 발전으로 머리 바깥에서 방사선을 쪼여 병을 치료하는
수술입니다. '감마 나이프'라고 하는 이 수술법은 돋보기로
태양광을 모으는 원리와 같습니다. 감마선을 쪼여 병이 있는
부분만을 집중적으로 파괴하고, 정상적인 뇌 조직에는 영향을
주지 않는 것입니다.

who? 지식사전

로봇 수술

로봇 수술이란, 의료 기구 로봇을 이용한 수술입니다. 환자의 몸에 의료 기구
로봇을 부착하고 의사가 로봇을 조종하여 복강경이나 내시경 수술을 합니다.
1999년 처음 개발된 수술 로봇은 복강경 수술과 같이 환자의 배 부분에
여러 개의 구멍을 뚫은 뒤 3차원 확대 영상 수술용 카메라와 로봇 팔을 넣어
의사가 원격으로 조종하여 수술을 했습니다. 해상도 높은 3차원 영상을
15배로 확대하여 볼 수 있어 정밀한 수술을 할 때 도움이 됩니다.

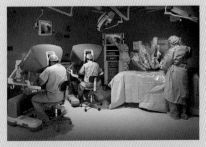

다빈치 로봇 수술 ©[2016] Intuitive Surgical, Inc

셋 ## 장기 이식 수술

장기 이식이란 제대로 기능하지 못하는 병든 장기를 건강한
장기로 바꾸어 주는 것을 말합니다. 장기는 생체 기증자 및
의학적으로 사망 판정을 받은 뇌사자의
것을 받습니다.

11세기에는 치아 이식, 15세기에는 피부
이식을 시도했다는 기록이 있을 만큼
오래전부터 장기 이식을 시도했습니다.
최초의 장기 이식을 한 장기는
콩팥입니다. 1936년 러시아의 보로노이가
다른 사람의 콩팥을 받아 이식 수술을
했지만 안타깝게도 수술한 뒤 이틀 만에
세상을 떠났습니다.

1969년에 우리나라 최초의 장기 이식 수술이 이루어졌습니다.
© Pavol Podolay

넷 ## 장기 이식 수술의 발전

장기 이식 수술이 성공한 데에는 프랑스 외과 의사 알렉시스
카렐의 공헌이 큽니다. 카렐은 혈관 봉합술을
발전시켰는데, 이로써 장기 이식이 가능하게
되었습니다.

우리 몸의 신체와 장기는 세포로 구성되어 있습니다.
신체와 장기가 움직이려면 혈액을 통해 영양분을
공급받아야 합니다. 장기 이식 수술에서 중요한
것은 잘린 혈관을 다시 잇는 일입니다. 알렉시스
카렐은 오랜 연구 끝에 혈관을 다시 잇는 방법을
찾아냈습니다. 가느다란 바늘에 비단실을 꿰어
혈관의 끝과 끝을 연결하는 데 성공한 것입니다.
이로써 이식받은 장기들의 혈액 순환이
회복되었습니다.

알렉시스 카렐은 1912년에 노벨 생리
의학상을 받았습니다.

세계 최고 수준을 자랑하는 간 이식

우리나라가 처음으로 장기 이식에 성공한 때는 1969년입니다. 가톨릭 의대 이용각 교수가 콩팥병을 앓던 환자에게 환자 어머니의 콩팥을 이식하여 성공했습니다. 1981년에는 연세 대학교 소아과 김길영 교수가 재생 불량성 빈혈 환자에게 쌍둥이 동생의 골수를 이식하여 성공했습니다. 이후 간, 심장 등을 이식하는 데 성공하며 우리나라 외과 수술에 새로운 기틀을 마련했습니다.

우리나라의 장기 이식 수술은 세계적인 수준이라고 합니다. 선진국의 의료진이 와서 배울 정도이지요. 특히 간 이식은 미국보다도 훨씬 앞서 있다고 합니다. 간 이식 수술은 성공률이 97% 이상에 달할 정도로 높습니다. 장기를 제공하는 사람과 이식을 받는 사람의 혈액형이 달라도 거부 반응을 일으키지 않을 정도로 기술이 발전했습니다.

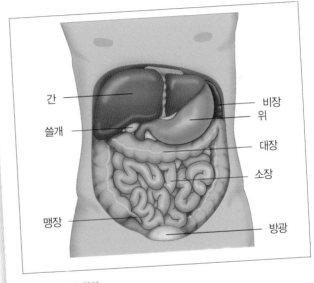

우리 몸의 여러 장기

우리나라의 간 이식 수술 건수가 많은 이유는 B형 간염 때문입니다. B형 간염은 B형 간염 바이러스에 의해 감염됩니다. 바이러스에 감염되면 우리 몸은 이를 제거하기 위해 바이러스가 있는 세포를 공격합니다. 이때 바이러스뿐만 아니라 건강한 간세포도 공격을 받아 염증이 생기는 것입니다. 이 과정이 반복되면 간경변이라고 하여 간이 딱딱하게 굳게 되고, 일부는 암으로 발전하기도 합니다. 병이 깊어져 간이 기능을 하지 못하면 건강한 간을 이식해야 합니다.

6 옳다고 생각하면 행동하라

세계 보건 기구 사무총장 퇴임

브룬틀란 사무총장은 5년의 임기를 채운 후, 퇴임할 것이라고 발표했습니다.

왜 *연임을 하지 않으시나요?

두 번째 임기를 마치면 제 나이도 일흔이 다 될 텐데 그때에도 지금처럼 왕성하게 일할 수 있을지 의문이군요.

총장님의 생각에 동의하는 부분이 많았는데 너무 아쉽군.

*연임: 정해진 임기를 마친 뒤에 다시 계속해서 그 직위에 머무름

다음 사무총장으로 누가 좋을까?

이종욱 국장 어떻습니까?

그는 소아마비와 결핵 퇴치에 앞장서서 대단한 성과를 냈습니다.

외부에서 자금을 끌어오는 능력도 탁월하고요. 직책에 대한 욕심보다 의사로서의 사명감이 큰 사람이지요.

정말입니까?

지금 종욱이 사무총장 후보로 올랐어.

많은 사람들이 종욱을 응원하고 있어. 한번 해 봐.

2002년, 세계 보건 기구는 새로운 사무총장을 뽑기 위한 선거를 치르게 되었습니다.

이종욱은 여덟 명의 사무총장 후보 중 한 명이 되었고, 많은 사람들이 그를 지지했습니다.

종욱은 세계 보건 기구의 자원을 어떻게 하면 효율적으로 배분할 것인지를 그 누구보다 고민하고 있습니다.

진심을 다해 총장직을 수행할 사람은 바로 이종욱뿐입니다.

나의 생각이 사람들에게 잘 전달되었으면 좋겠어.

*피터 피오트와 지금 막상막하야.

음……

*피터 피오트: 에볼라 바이러스를 처음 발견한 벨기에의 박사

저는 세계 보건 기구에서 여러 가지 일을 하면서 소중한 경험들을 하였습니다. 높은 자리가 탐나는 것이 아닙니다. 높은 자리에서 더 멀리 내다보며 더 많은 환자들을 구할 수 있다면, 그보다 더 귀한 것은 제게 없을 것입니다.

세계의 수많은 사람들이 *에이즈와 같은 무서운 질병으로 고통받고 있습니다. 저는 더욱 적극적인 예방으로 소중한 생명을 지킬 것입니다!

또한, 실제 현장에서 질병과 싸우는 것은 본부가 아니라 각 지역 사무처입니다. 그러므로 저는 본부의 예산은 줄이고, 각 지역 사무처에 대한 지원을 확대하겠습니다.

*에이즈: 후천 면역 결핍증. 인간 면역 결핍 바이러스에 의하여 인체의 면역 능력이 저하되어 병원체에 대하여 무방비 상태에 이르는 병

얼마 후, 선거 결과가 발표되었습니다.

세계 보건 기구 제6대
사무총장은……,

이종욱 국장님!
축하드립니다.

2003년, 이종욱은 세계 보건 기구의 최고직인 사무총장으로
뽑혔습니다. 그 자리는 한 나라의 대통령과 같은
대우를 받는 높은 자리였습니다.

축하드립니다.

감사합니다.
어깨가 무겁습니다.

와

아

아

이종욱은 세계 보건 기구 사무총장이 되었지만, 여전히 작은 아파트에 월세로 살았습니다.

우리는 옳은 일을 해야 한다. 올바른 장소에서 해야 하며, 올바른 방법으로 해야 한다. 흠, 오늘도 취임식에서 했던 말을 되새겨야지.

저렇게 높으신 분이 왜 저런 작은 차를……?

총장님, 그 차는 총장님 자리에 어울리지 않습니다.

사무총장은 과시하는 자리가 아닐세. 나는 최소한만 받을 테니 나머지는 예산에 반영해 주게.

삐질

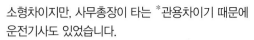
소형차이지만, 사무총장이 타는 *관용차이기 때문에
운전기사도 있었습니다.

보건 협회에 가야겠소.
서둘러 주세요.

총장님, 편하게
뒷자리로 가십시오.
여긴 조수석입니다.

뒷자리는 차 주인이 앉는 자리
아닙니까? 이 차의 주인은
세계 보건 기구이지 제가 아닙니다.

네?

자,
빨리 갑시다.

네!

부릉

*관용차: 정부 기관이나 공공 기관에 소속되어 운행되는 자동차

아직 식사 안 하셨습니까?

미안해요.
급하게 처리해야 할 일 때문에······.
냄새가 좀 나더라도 이해해 줘요.

그게 아니라······.
레스토랑에서
제대로 드시죠.

괜찮아요.
이것도 맛있고 배가
불러요. 그러면 됐지요.

이종욱은 업무 시간 외에는 관용차가 아닌 자신의 낡은 승용차를 직접 운전하며 다녔습니다.

레이코, 페루 생활은 어때요?

여보, 건강히 잘 있지요?

이종욱의 부인 레이코 역시 내조를 하며 틈틈이 봉사 활동을 했습니다.

당신답군요. 그래도 사무총장이 되었으면 조금 누려도 괜찮을 거예요.

아니에요. 내가 아끼는 만큼 예산이 늘어나고, 그래야 한 명이라도 더 혜택을 볼 수 있잖소.

당신도 참······.

이종욱과 레이코는 각자의 자리에서 최선을 다했습니다. 그리고 서로를 존중하고 또 이해했습니다.

사무총장이 된 이종욱은 자신의 공약을 지키기 위한 계획을 발표했습니다.

에이즈 퇴치를 위한 '3 by 5' 계획을 제안합니다.

what?

2003년 현재부터 2005년까지 300만 명의 에이즈 환자에게 치료제를 보급하겠습니다.

총장님, 2005년까지는 2년밖에 남지 않았습니다. 2년 안에 300만 개의 치료제라뇨?

현실적으로 불가능한 수치입니다, 총장님.

안 된다고 생각하면 수많은 이유와 그럴 듯한 핑계가 생깁니다. 시작하기도 전에 고민만 하다간 아무것도 못합니다.

에이즈 치료제 보급은 한 해에 많아야 10만 개 정도입니다. 무려 15배나 되는 물량을 사들일 예산도 없거니와 운송비, 인건비도 우리가 감당할 수 없을 정도로 늘어납니다.

결국은 돈이 문제인 거군요.

돈도 돈이지만 한두 해에 그렇게 많은 약을 생산할 수가 없습니다.

이종욱은 예산 확보를 위해 자주 외국 출장을 다녔습니다. 그때도 그는 가장 저렴한 좌석을 이용했고, 심지어 *수행원 없이 혼자 다니기도 했습니다.

한 푼이라도 아껴서 치료제 구입하는 데 보태야지.

에이즈를 퇴치하려면, 영국 왕실의 도움이 필요합니다.

프랑스는 세계를 선도하는 나라로 에이즈 퇴치에도 앞설 거라 생각합니다.

최강대국인 미국이 에이즈 퇴치에도 앞장서야 합니다.

THE WHITE HOUSE
WASHINGTON

눈부신 경제 성장을 이룬 독일의 자비심을 보여 주셔도 좋을 듯합니다.

*수행원: 지위가 높은 사람을 따라다니면서 그를 돕는 사람

휴~.

총장님,
힘드신데 다음 일정은
취소할까요?

다음 일정이 뭔가?

보육원입니다.

아~ 그건
절대 취소할 수 없는
일정일세.

총장님!

러시아 상트페테르부르크의 한 보육원.

저 아이들은 왜 따로 밥을 먹지요?

저 애들이 바로 에이즈 환자들입니다. 수혈로 인해 감염되었거나, 에이즈에 걸린 산모가 낳은 아이들이죠.

저런……!

총장실 앞에는 이종욱이 세계 각국의 왕, 대통령,
수상 등으로부터 받은 선물을 모아 놓은 장식장이
있었습니다. 총장실 앞을 지나는 직원들은
이 진귀한 선물들을 감상하곤 했습니다.

자네들, 이 선물이
탐나는가?

아, 아닙니다.
너무 멋져서요.
죄송합니다,
총장님.

하하, 아닐세!
자네들 덕분에 좋은
생각이 났네. 내가
감사할 일이지!

여러분, 제가 그동안 받은
선물로 바자회를 개최하려 합니다.
여기서 발생한 수익금은 러시아
상트페테르부르크의 보육원에
기부하려고 해요.

정말로 이 가격에
주시는 거예요?

스페인 국왕이
선물한 것도요?

맙소사!
이 귀한 것들을?

네, 저렴하게 파는 겁니다.
프랑스 대통령이 준 만년필도 있습니다.
글이 술술 잘 써지죠. 빨리 사고 싶지요?

아, 그런데…….

갑자기 왜 그러시죠?

그분들이 정성스럽게 주신 것들을 바자회로 파는 걸 알면, 앞으로 저한테 선물을 안 하겠군요.

그러니 오늘 일은 비밀로 합시다.

하하하!

아저씨~!

이종욱의 바자회는 성황리에 끝났고, 수익금은 모두 러시아 상트페테르부르크의 보육원에 전달되었습니다.

시간이 흘러 마침내 2005년, '3 by 5' 계획의 결과를 발표하는 날이 되었습니다.

'3 by 5' 계획은 실패했습니다. 여러분들 말대로 2년 만에 300만 명에게 에이즈 치료제를 보급하는 건 불가능하더군요.

후유, 이럴 줄 알았어.

우리 총장님은 다 좋은데, 이번엔 너무 과했어. 30만 개도 힘든 일인데……

하지만…….

설마 더 힘든 목표를
세우시는 건 아니겠지?

우리는 2년간 100만 명에게
에이즈 치료제를 보급하는 데
성공했습니다. 여러분,
이는 엄청난 성과입니다!

서, 성과?

2년 동안
100만 개라니,
믿어지지 않아.

대한민국을 책임지는
질병 관리 본부

KCDC

Korea Centers for Disease
Control & Prevention

질병 관리 본부 상징

현대 의학은 눈부시게 발전했습니다. 덕분에 무서운 질병을
고칠 수 있게 되었습니다. 그러나 오늘날에도 수많은
질병이 생겨나고 있습니다. 코로나19와 같은 신종 감염병이
등장해 전 세계 사람들의 생명을 위협하고 있습니다. 국가는
질병으로부터 국민을 보다 안전하게 지켜내야 합니다.
우리나라 국민 건강은 질병 관리 본부(KCDC)가 맡고
있습니다.

하나 | 대한민국 공중 보건 100년의 역사

우리나라의 근현대적 질병 관리 업무는 100여 년 전부터
시작되었습니다. 출발은 1894년 갑오개혁으로 근대화를
추진한 고종의 명령으로 설치한 위생국입니다. 위생국은
서양 의학을 도입하고 공중위생 사업을 벌였습니다. 종두
예방 접종, 감염병 예방, 의사와 약을 짓는 사람의 업무와
약품 판매 관리, 외국에서 들어온 선박을 검역하는 업무를
했습니다.

이후 1935년 보건원 양성소를 근거로 하여 1945년
일제 강점기에서 해방된 이후 조선 방역 연구소, 국립
화학 연구소 등으로 이름을 바꾸었습니다. 해방 직후
우리나라는 천연두, 일본 뇌염, 장티푸스와 같은 감염병을
퇴치하는 것이 중요한 과제였습니다.

1963년에 국립 방역 연구소, 국립 화학 연구원, 국립
보건원, 국립 생약 시험소를 통합하여 국립 보건원으로
조직을 새롭게 꾸리고 일을 시작했습니다.

대한 제국 고종 황제

둘 · 질병 관리 본부

현재의 질병 관리 본부는 2004년 국립
보건원으로부터 확대되었습니다. 질병을
보다 효율적으로 연구하고 관리하기 위해
거듭 변화를 준 결과입니다.
질병 관리 본부는 건강한 국민, 안전한
사회를 만들기 위해 과학적 근거를
기반으로 하여 공중 보건 정책을 만들고
실행하고 있습니다.
특히 신종 감염병이 생겼을 때 중요한
역할을 담당하지요. 세계 보건 기구는 20세기 이후
감염병이 전 세계적으로 유행하는 것을 뜻하는
'팬데믹'을 세 차례나 선언했습니다.
우리나라는 이러한 감염병을 예방하는 백신과
치료제를 개발하기 위해 노력하고 있습니다.
변화하는 감염병 환경에 대응하기 위해 감염병을
관리하고 있습니다.

방호복을 입고 코로나19 환자를 이송하는 질병 관리 본부 직원들
© 연합뉴스

질병 관리 본부 안에 있는 긴급 상황
센터 © 연합뉴스

who? 지식사전

팬데믹이 선언된 감염병

홍콩 독감: 1968년 홍콩, 베트남, 싱가포르 등지에서 처음 보고되었습니다. 베트남 전쟁에 나간 미국 군인이 감염되어, 미국 캘리포니아로 전파되었습니다. 약 100만 명에서 400만 명이 희생되었습니다.

신종플루: 2009년 3월 멕시코에서 발생했습니다. 약 672만 명이 감염되었고, 18,449명이 목숨을 잃었습니다. 치료제로 타미플루를 개발했습니다.

코로나19: 2020년 나타난 새로운 호흡기 감염병입니다. 2019년 12월 중국 후베이성에서 발병했습니다. 전 세계 218개 나라에서 약 2천만 명이 감염되었습니다. 2020년 8월 기준으로 치료제나 백신이 개발되지 않았습니다.

질병 관리 본부의 핵심 업무

질병 관리 본부는 감염병으로부터 국민을 지키는 일 외에도
다양한 분야에서 일하고 있습니다. 고혈압, 당뇨병, 심혈관계
질환, 알레르기 등과 같은 오랜 기간 계속해서 다시 걸리는
질병을 예방합니다. 이를 위해 이러한 질병이 생기는 생활
환경, 식습관 등을 조사하고, 자료를 토대로 하여 건강 정보를
제공합니다.

또한, 인구 중 적은 사람들이 걸리는 희귀병을 지정하고
환자들을 돕습니다. 희귀병을 정하는 기준은 나라마다
다릅니다. 우리나라는 1,066종의 희귀병이 등록되어
있습니다. 희귀병은 정확한 검진을 통해 병이 진행되는 것을
막는 것이 중요합니다.

질병 관리 본부는 장기 이식 사업도 지원하고 있습니다.
또 건강을 위협하는 환경 변화로부터 국민을 지키는 데도
앞장서고 있습니다. 미세 먼지를 감시하고, 미세 먼지로 인해
건강이 나빠질 위험이 있는 사람들은 보호합니다. 여름철
무더위 폭염, 겨울철 온도가 갑자기 내려가는 한파와 같은
기후 변화로 인한 피해를 예방하는 데에도 앞장서고 있습니다.

who? 지식사전

긴급상황센터

질병 관리 본부는 감염병 위기 상황을 빨리 알아내고 신속하게 대응하여 확산을 막고자 긴급 상황 센터를 열었습니다. 1년
365일 24시간 운영되며, 국내외 감염병을 조사합니다. 신종 감염병이 나오면 대응 방법을 마련하고, 항바이러스제, 환자를
격리할 병원 등과 같은 의료 자원을 위급 상황에 대비하여 준비합니다.

넷 　정은경 질병 관리 본부장

코로나19가 유행하자, 중앙 방역 대책 본부에서는
매일 코로나19 관련 브리핑을 하고 있습니다.
중앙 방역 대책 본부는 감염병 위기 경보 수준이
'주의' 이상이 되면 질병 관리 본부 아래에 임시로
설치됩니다. 이곳에서 감염병을 자세하게
감시하고 살펴봅니다.

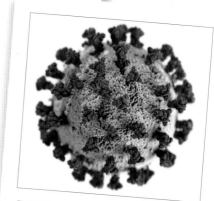

코로나19 바이러스

중앙 방역 대책 본부를 지휘하는 질병 관리
본부의 정은경 본부장은 매일 코로나19 관련
내용을 국민에게 알려 주었습니다. 이를 통해
많은 사람이 질병 관리 본부가 하는 일과 중요성을 잘 알게
되고, 정 본부장을 주목하게 되었습니다.
정 본부장은 서울 대학교에서 의학을
공부하고, 예방 의학 박사 학위를
받았습니다. 보건복지부 응급 의료 과장을
지냈으며, 질병 관리 본부에서 만성 질환
관리과장, 질병 예방 센터장, 긴급 상황
센터장을 거쳤습니다. 2017년에는 감염병에
대한 전문성을 인정받아 질병 관리 본부장에
발탁되었습니다.

K-방역의 일등 공신인 정은경 본부장

코로나19 대응에서 보여준 정 본부장의
지도력은 세계를 놀라게 했고, 그의 헌신적인
노력은 온 국민이 코로나19를 막는 데 힘을
모으도록 이끌었습니다.
질병 관리 본부는 전문성을 강화하기
위해 중앙 행정 기관인 '질병 관리청'으로
승격됩니다. 이로써 보건 복지부로부터
맡아 수행하던 질병 관리 업무를 스스로 추진할 수 있게
되었습니다.

2003년 말부터 아시아에 *조류 인플루엔자가 확산되었습니다.

우리나라에서도 감염된 닭이나 오리 등을 *살처분했습니다.

*조류 인플루엔자: 조류 등이 걸리는 급성 바이러스 감염병. 사람에게도 감염을 일으킴
*살처분: 가축의 감염병 확산을 방지하기 위해 병에 걸린 가축을 죽이는 방법

이종욱의 명성은 한국에도 널리 알려져 한 신문사에서 취재를 왔습니다.

안녕하십니까, 총장님?

먼 길 오시느라 고생 많으셨습니다.

WHO
Secretary General
Lee Jongwook

성이 앞에 있네요? 영어식이라면 뒤로 가야 하잖아요.

저는 한국 사람이니 한국식으로 표기하는 거지요. 여기 사람들도 이게 한국식이란 걸 다 안 답니다. 자, 인터뷰 시작하시죠.

총장님은 마치 당장이라도 엄청난 감염병이 돌 것 같은 위급한 분위기로 감염병 예방에 온 힘을 쓰고 계십니다. 다소 과장되었던 것은 아닙니까?

감염병이라는 건 언제 어디서 시작해서 얼마나 퍼질지 아무도 모릅니다.

그럼 우리는 어떻게 대비해야 할까요?

우선 잘 드시고, 잘 씻으십시오. 하하! *타미플루는 감염 48시간 안에 먹어야 효과가 있으므로 충분한 양이 비축되어 있어야 합니다.

감염병이 발생하면 빨리 그곳에 인력과 약을 집중적으로 투입해야 해요. 더 큰 피해를 입기 전에 철저히 대비를 해야 하지요.

대비라······.

이쪽으로 오시죠.

*타미플루: 조류 인플루엔자 바이러스의 치료제

이종욱은 제네바 세계 보건 기구 본부 지하에 '워룸'으로도 불리는 '이종욱 전략 보건 작전 센터'를 두어 24시간 비상사태에 대응할 수 있도록 하였습니다.

와! 영화에 나오는 세트 같은데요?

어디에 어떤 감염병이 발생했는지, 환자 수는 몇 명인지, 어느 경로로 치료제를 구해야 하는지 한눈에 알 수 있도록 하였습니다.

저 나무를 볼 때마다
저는 리자를 떠올립니다.

리자라는 분이
심은 나무였나요?

리자는 아프리카의 결핵 퇴치를
위해 목숨을 바친 분이에요.
그를 기념하기 위해 이 나무를
심었죠.

우리가 리자를
생각하는 것처럼,
세계 보건 기구의 식구들이
이룩해 나간 모습도
오래도록 기억될
것입니다.

아이고, 이런.
나도 이제 늙었군.
야근 좀 한다고 이래서야.

아, 머리야.
무슨 두통이 이렇게…….

바람 좀 쐬고
와야겠군.

어?

퇴근들 안 하나?

아, 총장님! 총장님은
퇴근 안 하십니까?

곧 총회가
있잖은가?
준비해야 할 게
많군.

저희도 밀린 일을
해 놓으려고요.

허허.

큰직한 것들로 주세요.

잘 먹겠습니다, 총장님!

고생들 하라고.

사무총장 이종욱은 직원들에게 관심을 가지고 항상 살뜰히 챙겼습니다.

따르르릉

여보, 오늘 총회 아니에요?

아! 그, 그렇지.

아…….

어디 아파요?

아니야, 괜찮아.

2006년 5월, 제네바에 있는 국제 연합 유럽 본부에서 세계 보건 총회가 열렸습니다.

총장님, 이제 본부로
가실 시간입니다.

그, 그래. 가야지.

왜 그러십니까?
안색이 안 좋으십니다.

괜찮아. 오늘 일정이
어떻게 되지?

잠시 후, 중국 대표들과
*오찬 회동이 있습니다.

알겠네.

*오찬 회동: 함께 점심을 먹으며 이야기를 나눔

세계 보건 기구는 중국의 역할을 매우 중요하게 생각하고 있습니다. 이번 회담으로 세계 보건 기구와 중국 간의 관계가 더 단단해지고…….

이종욱은 일정대로 중국 대표단과 오찬 회동을 가졌습니다.

윽!

끅…….

괘, 괜찮으십니까?

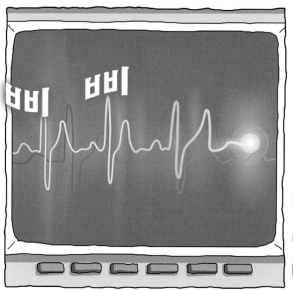

병원으로 옮겨진 이종욱은 *뇌혈전 제거 수술을 받았지만, 끝내 깨어나지 못했습니다.

*뇌혈전: 뇌의 동맥에 혈전이 생겨 혈관을 막는 것

세계 보건 총회를 하루 앞둔 2006년 5월 22일, 이종욱은 세상을 떠났습니다. 스페인 보건 장관 엘레나 살가도가 침통한 표정으로 *연단에 올랐습니다.

먼저 슬픈 소식을 전해 드려야겠습니다. 이종욱 세계 보건 기구 사무총장님이 서거했습니다.

그는 언제나 질병과의 싸움에 앞장선 분입니다. 그의 용기와 희생, 봉사 정신은 밤하늘의 별처럼 영원히 빛날 것입니다.

총장님…….

*연단: 연설이나 강연을 하는 사람이 올라서는 단

2006년 5월 24일, 제네바 노트르담 성당에서 이종욱의 장례식이 WHO장으로 거행되었습니다.

그는 항상 어렵고 힘든 일에 가장 먼저 뛰어들었습니다.

여보, 그동안 고생 많았어요. 저는 여전히 당신을 너무나 존경합니다.

불가능하다고 생각하고 미리 멈추지 마십시오. 해내겠다는 생각으로 나아가다 보면 어느새 현실이 됩니다.

'옳다고 생각하면 행동하라!' 한국인 최초로 국제 연합의 전문기구 수장이 된 이종욱이 평생 동안 신념으로 여기던 말입니다. 그는 인류를 위해 행동할 줄 아는 삶을 살았습니다.

의사로서, 또 세계 보건 기구의 직원으로서 맡은 바 충실할 뿐 어떤 욕심도 부리지 않았습니다. 그는 모두를 위한 옳은 길에 대해 끊임없이 고민하며, 지위에 상관없이 겸손하게 살았습니다. 이런 그의 신념이 그를 '수억 명의 생명을 구한 인류의 주치의'로 칭송받게 한 것입니다.

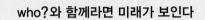

who?와 함께라면 미래가 보인다

어린이
진로 탐색

국제기구 사무총장

어린이 친구들!
자, **이종욱** 이야기를 읽고
어떤 생각이 드나요?

의사에서 국제기구 활동가로, 그리고
한국인 최초로 국제기구 수장으로 활동한
이종욱이 자랑스럽습니다.

이종욱이 꿈을 이루어가는 과정을
다시 한번 짚어 보고 세계 보건 기구 사무총장이 하는 일과
그에 관련한 다양한 직업에 대해 알아보도록 해요!

여러분도 관심 분야를 갈고닦아
진로와 연결할 수 있도록 노력해 보아요.
그럼 지금부터 여러분이 꿈을 향해 나아가도록
도와줄 진로 탐색을 시작해 볼까요?

자기 이해부터
진로 체험까지,
다양한 진로 탐색
활동을 시작해 봐요!

사무총장이 하는 일

세계 보건 기구의 목표는 세계 모든 사람이 가능한 최고의 건강 상태를
유지하도록 돕는 것입니다. 신체뿐만 아니라 정신적, 사회적 건강까지 모두
아우릅니다.

세계 보건 기구는 국제 연합(UN) 산하에 소속된 국제기구 중 규모가 가장 큽니다.
연간 예산이 3조, 직원이 5,000명에 이르지요. 세계 보건 기구는 전 세계 여섯 개
지역, 아프리카, 아메리카, 지중해 동부, 유럽, 동남아, 서태평양에 사무처를 두고
있으며, 결핵, 말라리아, 에이즈 등과 같은 수많은 질병을 퇴치하는 일을 하였습니다.

사무총장은 세계 보건 기구에 속한 여러 사무국의 일을 지휘하고 하나로 묶는 역할을
하고, 세계 보건 기구 회원 및 비정부 기구(NGO)의 협력을 이끌어 냅니다.

기업과 재단 등으로부터 세계 보건 기구 사업에 필요한 기금을 모으는 일도 합니다.

✳ **이종욱 사무총장이 했던 일 중에서 가장 기억에 남는 일을 적어 보세요.**

진로
탐색
STEP 2

사무총장의 종류

국제 연합(UN) 사무총장

세계의 평화를 위해 국가와 국가 사이의 갈등을 중재하고 협력을 돕기 위해
만든 국제기구입니다. 국제 연합은 국제법을 기본으로 한 유엔 헌장이
있으며, 전쟁을 중재하기 위한 군사권이 있습니다. 국제 연합 본부는 미국
뉴욕 맨해튼에 있습니다.

세계 무역 기구(WTO) 사무총장

나라와 나라 사이의 자유로운 무역을 돕기 위해 1995년 만든
국제기구입니다. 회원국 사이에 무역에 관한 다툼이 일어나면 중재합니다.
세계 무역 기구에서 재판을 한 후 결과에 따라 벌금을 매길 수 있습니다.
사무국은 스위스 제네바에 있습니다.

국제 해사 기구(IMO) 사무총장

배의 항로, 교통 규칙, 항만 시설 등을 국제적으로 통일하기 위해 세운
국제 연합의 전문 기구입니다. 사무국은 영국에 있으며 2016년부터
2023년까지 한국인 최초로 임기택이 사무총장을 맡아 했습니다.

여러분은 어느 국제기구의 사무총장이 되어 보고 싶나요? 또 사무총장이 되어 어떤
일을 하고 싶나요? 국제기구와 그 이유를 적어 보세요.

세계에서 물리치고 싶은 병은?

1994년 세계 보건 기구 본부 예방 백신 국장이 된 이종욱은 소아마비 퇴치 운동을 했어요. 소아마비 발생률을 세계 인구 만 명당 한 명 이하로 떨어뜨렸지요. 그리고 조류 인플루엔자 확산 방지, 결핵 퇴치 등으로 미국의 시사 주간지 《타임》에서 정한 '세계에서 가장 영향력 있는 100인'에 뽑혔어요. 여러분이 세계에서 물리치고 싶은 병이 있나요? 그 병에 대해 적어 보세요.

병의 이름:

병의 증상:

퇴치해야 할 이유:

퇴치 방법:

진로
탐색
STEP 4

내가 만들고 싶은
단체는?

안녕하세요?

저는 서울에 사는 민욱이에요.

엄마의 고민을 해결해 주고 싶어요. 저희 집에서 나오는 재활용 쓰레기가

정말 많아요. 장난감, 음식을 담았던 플라스틱 그릇, 비닐 포장지가 매일매일 나와요.

재활용할 수 있다지만 그 양이 너무 많아요. 우리가 자주 쓰는 제품의 포장지를

줄일 수 있다면 좋겠어요. 샴푸, 세제 같은 것은 용기를 준비해서 필요한 만큼 담아

오는 거예요. 환경을 생각하는 사람과 물건을 파는 사람이 뜻을 모아야 하잖아요.

둘이 만날 수 있는 단체를 만들고 싶어요.

단체 이름은 '포장지 없는 가게' 어때요?

여러분은 어떤 단체를 만들고 싶은가요?

단체 이름:

단체가 하는 일:

내가 세계 보건 기구
사무총장이라면?

세계 보건 기구 사무총장은 전 세계인의 보건과 건강을 책임지는 자리입니다.
감염병을 관리하고 질병을 예방할 수 있는 환경을 만들기 위해 노력합니다.
'아시아의 슈바이처', '백신의 황제'라고 불린 이종욱 사무총장은 밤낮없이
세계 곳곳을 다니며 옳다고 생각하는 일을 했습니다.
여러분이 세계 보건 기구 사무총장이 된다면, 전 세계인의 보건과 건강을 위해 하고
싶은 일은 무엇인가요?

❋ 가장 먼저 하고 싶은 무엇인가요?

❋ 감염병 예방을 위해 무엇을 하고 싶은가요?

❋ 개발 도상국을 도우려면 어떻게 해야 할까요?

국립 대전 현충원

국립 대전 현충원은 대전광역시
유성구에 있습니다. 나라를 지키기
위해 생명을 바친 순국열사와 국가의
부름을 받아 전쟁에 나가 적과
싸우다가 희생된 호국 영령이 잠들어
있는 곳입니다.
국립 대전 현충원은 1979년
공사를 시작하여 1985년에
완공되었습니다. 한국의 전통적인
아름다움을 살리고 자연의 모습을

국립 대전 현충원의 현충문

최대한 보존하여 묘소가 있는 구역이 공원처럼 잘 되어 있고
애국지사, 국가 유공자, 장병, 경찰관 및 일반 묘역으로 꾸며져 있습니다. 이곳은
유가족은 물론 일반인도 자유롭게 참배할 수 있습니다.
국립 대전 현충원에는 다양한 둘레길이 있는데, 초등 저학년, 고학년, 중ㆍ고등
및 일반 코스로 나뉘어 있습니다. 보훈 전시관 및 보훈 미래관에서는 한국 전쟁과
관련한 다양한 전시물과 기록물을 한눈에 볼 수 있습니다.
이종욱 사무총장의 유해는 국립 대전 현충원 국가 유공자 묘 15호에
안장되었습니다. 비문에는 '이종욱의 묘'라고 쓰여 있습니다.

이용 안내

* **개방 시간 :** 여름철(3월~10월) 06:00~18:00
　　　　　　　겨울철(11월~2월) 07:00~18:00
* **주소 :** 대전광역시 유성구 계룡로 1558번지
* **문의 전화 :** 042-718-7114
* **홈페이지 :** http://www.dnc.go.kr

이종욱

1945년		서울에서 출생했습니다.
1950년 5세		6·25 전쟁이 발발했습니다.
1951년 6세		덕수 초등학교에 입학하였습니다.
1957년 12세		경복 중학교에 입학하였습니다.
1960년 15세		경복 고등학교에 입학하였습니다. 아버지가 돌아가셨습니다.
1963년 18세		한양 대학교 건축 공학과에 진학했으나 전공에 흥미를 갖지 못했습니다.
1970년 25세		군 제대 후, 서울 대학교 의과 대학에 입학하였습니다.
1976년 31세		의대를 졸업한 후 보건소에서 일하며 성 라자로 마을에서 봉사를 하였습니다. 12월 18일, 레이코와 결혼하였습니다.
1979년 34세		하와이 대학교에서 공중 보건학 석사 과정을 시작했습니다.
1981년 36세		한센병에 대한 연구로 석사 학위를 받았습니다. 사모아의 린든 B. 존슨 병원에서 일했습니다.
1983년 38세		세계 보건 기구 서태평양 지역 사무처에서 한센병 자문관으로 일했습니다.
1991년 46세		세계 보건 기구 서태평양 사무처 질병 예방 관리 국장이 되어 소아마비 퇴치에 나섰습니다.

1994년 49세	세계 보건 기구 본부 예방 백신 국장이 되었습니다. 소아마비 발병률 만 명당 한 명 이하로 떨어뜨려 '백신의 황제'라는 별칭을 얻었습니다.
1998년 53세	브룬틀란 세계 보건 기구 사무총장의 특별 보좌관이 되었습니다. 세계 보건 기구 정보 통신 시스템을 종합 점검하였습니다.
2000년 55세	세계 보건 기구 결핵 국장이 되었습니다. 북한에 방문하여 결핵 치료제를 제공하였습니다.
2003년 58세	세계 보건 기구 제6대 사무총장이 되었습니다. 2005년까지 에이즈 치료제 300만 개를 보급하겠다는 '3 by 5' 계획을 세웁니다.
2006년 61세	5월 22일, 세계 보건 총회를 앞두고 뇌출혈로 갑자기 세상을 떠났습니다. WHO장으로 제네바 노트르담 성당에서 장례식이 치러졌습니다. 유해는 국립 대전 현충원에 안장되었습니다. 국민 훈장 최고 등급인 무궁화장이 추서되었습니다.
2016년	스위스 제네바 국제 연합 유럽 본부에서 서거 10주기 추도식이 열렸습니다.